Ulrich von Knebel

Sprachbehindertenpädagogische Professionalität in der Inklusiven Schule?

Fachgeschichtliche, administrative und professionalitätstheoretische Aspekte.

Mit Beiträgen von Vera Moser, Erwin Breitenbach,
Ernst von Kardorff und Mechthild Richter

Bibliografische Information der Deutschen Nationalbibliothek

Die Deutsche Nationalbibliothek verzeichnet diese Publikation in der
Deutschen Nationalbibliografie; detaillierte bibliografische Daten sind
im Internet über http://dnb.d-nb.de abrufbar.

ISBN 978-3-8325-3526-1

Logos Verlag Berlin GmbH
Comeniushof, Gubener Str. 47,
10243 Berlin
Tel.: +49 (0)30 42 85 10 90
Fax: +49 (0)30 42 85 10 92
INTERNET: http://www.logos-verlag.de

Inhaltsverzeichnis

Kurz-Kommentare aus

Vorwort

Das vorliegende Buch dokumentiert meine Antrittsvorlesung, die ich am 30.10.2012 an der Humboldt-Universität zu Berlin anlässlich der Berufung auf die Professur für Sprachbehindertenpädagogik gehalten habe. Sie beinhaltet den Versuch einer konkretisierenden Bestimmung von 'sprachbehindertenpädagogischer Fachlichkeit', deren Verlust im Kontext der Diskussion um die Inklusive Schule oft befürchtet wird, ohne dass dabei genauer bestimmt würde, worin diese Fachlichkeit besteht.

Ein solcher Versuch zielt nicht auf eine letztgültige Bestimmung, sondern auf eine Initiierung eines fachlichen Diskurses – ganz besonders im Rahmen einer Antrittsvorlesung, in der ein Grundstein für die zukünftige Zusammenarbeit und den fachlichen Austausch gelegt werden soll. Deswegen waren Lehrende des Instituts für Rehabilitationswissenschaften und Studierende innerhalb der Antrittsvorlesung zu einer Kommentierung eingeladen. Den Kommentatorinnen und Kommentatoren sei an dieser Stelle sehr herzlich für ihre Bereitschaft und für ihre bereichernden Beiträge gedankt!

Berlin, im August 2013

Ulrich von Knebel

Sprachbehindertenpädagogische Professionalität in der Inklusiven Schule? Fachgeschichtliche, administrative und professionalitätstheoretische Aspekte.

Antrittsvorlesung, gehalten an der Humboldt-Universität zu Berlin am 30.10.2012.

1. Einführung

1.1 Begründung, Zielsetzung und Struktur der Antrittsvorlesung

Vermutlich haben Sie der Einladung entnommen, dass ich mir erlaube, mindestens eine Tradition zu brechen, indem ich diese Antrittsvorlesung nicht allein bestreite, sondern Kolleginnen und Kollegen wie auch Studierende um Kurz-Kommentare gebeten habe. Das möchte ich kurz begründen:

Der Grund ist nicht, dass ich hier mit der Sprachbehindertenpädagogik eine Fachrichtung vertrete, die der Sprache und ihrer kommunikativen Funktion eine ganz besondere Wertschätzung entgegenbringt und deshalb ein sprachlicher Dialog schon um der Sprache willen inszeniert werden müsste.

Nur hintergründig hat es etwas damit zu tun, dass ich mich mit einer pädagogischen Konzeption, der Kooperativen Pädagogik, sehr verbunden fühle, die die Zusammenarbeit und das gemeinsame Handeln in den Mittelpunkt ihrer Betrachtung stellt. In der Hauptsache ist der Grund vielmehr, dass ich in meinem wissenschaftlichen Werdegang und insbesondere in den Jahren an der Universität Hamburg die Erfahrung machen durfte, wie bereichernd und fruchtbar, sogar freudvoll die Zusammenarbeit sein kann, auch und gerade wenn Menschen aufeinander treffen, die nicht immer die gleiche Sicht auf ihre Erkenntnisgegenstände haben, vielleicht sogar unterschiedlichen Wissenschaftstheorien folgen.

Vor diesem Erfahrungshintergrund trete ich hier an mit dem Wunsch nach Kooperation und fachlichem Austausch. Was läge da näher als gleich schon die Antrittsvorlesung in diesem Sinne zu gestalten? Im Idealfall gibt sie den Anstoß für eine Diskussion, die zwar nicht hier und heute stattfinden kann, die aber hier beginnen könnte. Leider können heute nur wenige zu Wort kommen. Fühlen Sie sich aber alle eingeladen, Ihre Sichtweisen im Nachgang der Antrittsvorlesung vorzubringen, ich würde mich darüber sehr freuen!

Um die Redezeit einhalten zu können, waren erhebliche Eingrenzungen des Themas erforderlich. Die wichtigsten möchte ich kurz nennen und damit die Struktur meines Vortrags verdeutlichen: Die Fachdisziplin Sprachbehindertenpädagogik hat es mit sehr unterschiedlichen Praxisfeldern zu tun, von denen Schule nur einen Teil repräsentiert.

- Ich möchte mich erstens auf dieses schulische Praxisfeld beschränken, weil meines Erachtens gerade im Kontext der Diskussion um die Inklusive Schule die Frage nach der sprachbehindertenpädagogischen Professionalität derzeit oft gestellt, aber nicht wirklich beantwortet wird. Mit anderen Worten: Oft wird vor dem Verlust der Professionalität gewarnt, ohne dass gesagt wird, was genau da verloren gehen könnte. Ganz bestimmt sind es nicht die immer wieder beschworenen 'kleinen Lerngruppen', die da alleine oder vordergründig sprachbehindertenpädagogische Professionalität ausmachen!

- Zweitens kann sprachbehindertenpädagogische Professionalität im Umgang mit sehr unterschiedlichen Sprachstörungen auch sehr verschiedene Formen annehmen. Ich werde mich im Folgenden auf eine

Betrachtung kindlicher Sprachentwicklungsstörungen beschränken, weil sie im schulischen Praxisfeld den mit Abstand häufigsten Anlass für sprachbehindertenpädagogische Interventionen bieten.

- Drittens soll die Themenformulierung weder auf die rhetorische Frage verweisen, *ob* sprachbehindertenpädagogische Professionalität in der Inklusiven Schule wünschenswert oder möglich wäre – dann würde mir ein "Ja, bitte" fast genügen –, noch werde ich der Frage nachgehen, *wie* Inklusive Schule konkret realisiert werden kann. Denn diese Frage übersteigt nicht nur den Geltungsbereich sprachbehindertenpädagogischer Konzepte, ihre Beantwortung setzt auch voraus, dass überhaupt schon bestimmt wäre, *was* sprachbehindertenpädagogische Professionalität eigentlich ist und an welchen Qualitätsmerkmalen sie festgemacht werden kann.

Insbesondere im Kontext der Diskussion um die Inklusive Schule sind zu dieser Frage in der jüngeren Fachliteratur grundlegende Impulse geliefert worden, die durch die nachfolgenden Überlegungen ergänzt werden sollen. Dazu gehören insbesondere:

- Die vom Verband Sonderpädagogik e.V. (2008) erarbeiteten "Standards der sonderpädagogischen Förderung", die allerdings auch hinsichtlich der förderschwerpunktspezifischen Konkretisierungen zu allgemein ausfallen, um das Spezifische sprachbehindertenpädagogischer Fachlichkeit erkennbar werden zu lassen, wie auch Motsch (2009, 241) bezüglich der formulierten Prozessmerkmale kritisiert.
- Die von Theisel und Glück (2011; 2012) referierten, aus einer Lehrerbefragung resultierenden Qualitätsmerkmale sprachheilpädagogischen Unterrichts, in denen allerdings allgemeine und fachrichtungsspezifische Aspekte ineinander übergehen und letztgenannte wenig konkretisiert werden.
- Die von Glück und Mußmann (2009) vorgelegte professionstheoretische Reflexion sprachbehindertenpädagogischer Fachlichkeit speziell in der Inklusiven Schule, in der insbesondere Kernbegriffe inklusiver Pädagogik hinterfragt und institutionelle Aspekte erörtert werden.

Solche Beiträge belegen ein wachsendes Interesse an der Frage, was sprachbehindertenpädagogische Professionalität eigentlich ausmacht und wie sie im Rahmen einer sich entwickelnden Inklusiven Schule im Interesse von Kindern und Jugendlichen mit Sprachbehinderung sichergestellt werden kann. Dafür erscheint es hilfreich, neben institutionellen Rahmenbedingungen und Expertenmeinungen praktisch tätiger Fachkräfte auch konzeptionelle Grundlagen des Faches einzubeziehen.

Das Anliegen dieses Beitrags besteht darin, fachrichtungsspezifische Qualitätsmerkmale zu bestimmen und wenigstens kurz zu begründen. Dazu blicke ich auf diese Frage aus drei verschiedenen Perspektiven: Erstens werde ich aus **disziplingeschichtlicher Perspektive** nachzeichnen, welche Errungenschaften die Sprachbehindertenpädagogik seit gut 100 Jahren hervorgebracht hat, denn sie liefern die Grundlagen für Theorie und Praxis der Gegenwart (in der Auswahl nur einiger zentraler Aspekte bestehen notwendig weitere Eingrenzungen des Themas). Zweitens möchte ich aus einer **schulverwaltungsrechtlichen Perspektive** skizzieren, welche Anforderungen an das Praxisfeld Schule gestellt werden, soweit sie einen wichtigen Hintergrund für die Bestimmung sprachbehindertenpädagogischer Professionalität bieten. Dabei beziehe ich mich auf Rahmenvorgaben der Kultusministerkonferenz (KMK 1994; 1998; 2011), weil sie länderübergreifend gültig sind und wichtige Eckpfeiler sonderpädagogischer Praxis in der Schule charakterisieren. Drittens werde ich aus **professionalitätstheoretischer Perspektive** darlegen, was der Begriff "sprachbehindertenpädagogische Professionalität" eigentlich bedeutet und wie er erziehungswissenschaftlich verortet werden kann. Denn ganz gewiss ist die umgangssprachliche Bedeutung von "Professionalität" viel zu unscharf, wie auch Kracht (2010) in ihrer Habilitationsschrift zum Thema "Pädagogische Professionalität in der Sprachförderung und der Sprachtherapie" feststellt: Demnach "verweist der Begriff 'professionell' umgangssprachlich auf die Qualität einer Tätigkeit, 'wie sie besser nicht sein könnte'. Jemand führt eine Tätigkeit aus, als wenn er es gelernt hätte" (Kracht 2010, 10).

Mit Bezug auf diese drei Perspektiven möchte ich vorschlagsweise zehn Qualitätsmerkmale bestimmen, an denen meines Erachtens sprachbehindertenpädagogische Professionalität festgemacht werden kann. Diese zehn Qualitätsmerkmale können die Funktion von Prüfkriterien übernehmen, anhand derer beurteilt werden kann, inwieweit Schule – auch die Inklusive Schule – fachliche Anforderungen an Bildung und Erziehung von Kindern und Jugendlichen mit Sprachbehinderung erfüllt.

Nur im Sinne eines Ausblicks werde ich abschließend kurz darlegen, welche Herausforderungen sich daraus an Wissenschaft und Praxis unter anderem ergeben.

Zunächst möchte ich Ihnen aber ein kleines Beispiel aus der Praxis zeigen, weil ja nicht alle von Ihnen alltäglich mit solchen Kindern zu tun haben, um die es mir hier ganz besonders geht.

1.2 Nick (8;11) ist nur ein Beispiel

Sie können in einem kleinen Videoausschnitt einen Jungen im Alter von acht Jahren und elf Monaten sehen, dessen Sprachentwicklung sowohl hinsichtlich der Aussprache als auch im Hinblick auf seine grammatische und semantisch-lexikalische Entwicklung kritisch verlaufen ist. Ein Verstehen seiner Äußerungen ist erheblich erschwert, wird hier aber dadurch erleichtert, dass die Lehrkraft Verstandenes wiederholt und so ihr Verständnis sicherzustellen versucht. Dieses Beispiel kann natürlich nicht die erhebliche Bandbreite sprachlicher Problemlagen repräsentieren, wohl aber eine für die Schule sehr typische. Ich werde auf dieses Beispiel nicht vertiefend eingehen und etwa die Äußerungen analysieren, sondern es nur zur Illustration verwenden, damit Sie bei den nachfolgenden Ausführungen ein Bild vor Augen haben.

2. Zentrale Aspekte aus disziplingeschichtlicher Perspektive

Die Geschichte der Fachdisziplin Sprachbehindertenpädagogik einschließlich ihrer Vorläufer reicht bis zum Übergang vom 19. in das 20. Jahrhundert zurück. Spätestens seit der Einrichtung erster Sprachheilklassen ab 1901 und erster Sprachheilschulen ab 1910 war diese Geschichte eng verwoben mit der Entwicklung des Schulsystems in Deutschland. Diese Zeit ist durch einen stetigen Wandel inhaltlicher Schwerpunkte und wissenschaftlicher Bezugssysteme gekennzeichnet.

Ich möchte diesen Wandel unter besonderer Berücksichtigung des Gegenstandsbereiches kindlicher Aussprachestörungen skizzieren, weil ich die Zugangsweisen der Sprachbehindertenpädagogik zu diesem Problemfeld in einer sehr umfassenden historischen Analyse untersucht habe. In meiner Dissertation (von Knebel 2000) habe ich die Ergebnisse dieser Analyse in drei Denkepochen zusammengefasst, das war vor zwölf Jahren. Seitdem ist die Entwicklung fortgeschritten, weshalb ich heute eine vierte Denkepoche anschließen möchte, in der wir uns aktuell befinden. Es handelt sich dabei nicht um Zeitepochen, die linear aufeinander folgen, sondern um typische Denkweisen, die zwar mit abgrenzbaren Zeitepochen korrelieren, mit diesen aber nicht deckungsgleich sind.

2.1 Fachdisziplinäre Errungenschaften

Da die ersten schulischen Sprachheilkurse von Lehrkräften durchgeführt wurden, die für diese Aufgabe von prominenten Vertretern der medizinischen Sprachheilkunde wie Hermann Gutzmann geschult worden waren, ist die **erste Denkepoche** durch eine Fokussierung der Physiologie des Sprechens gekennzeichnet. Im Mittelpunkt stehen die sprechmotorischen Bewegungsvollzüge, die der lautsprachlichen Produktion zu Grunde liegen.

13

Geradezu ein Sinnbild dieser Epoche ist für mich das Lehrbuch der Sprachheilkunde von Emil Fröschels (1913). Denn Fröschels hatte von sich selbst
während der Artikulation von Einzellauten Röntgenaufnahmen angefertigt
und diese seinem Buch als Anlage beigefügt, um so die Physiologie der
Lautbildung normativ zu dokumentieren. Dieser Denkepoche verdankt die
Sprachbehindertenpädagogik ein sehr detailliertes Wissen über Normen der
Zielsprache, über typische individuelle Abweichungen von diesen Normen,
über einige wichtige Bedingungen des Spracherwerbs und über methodische
Möglichkeiten, diesen Erwerb zu unterstützen.

Für Nick, den Sie gerade im Video gesehen haben, hätten die Sprachheil-
kundler seinerzeit sicher einen "Agrammatismus infantilis" festgestellt, vor
allem aber die Fehlbildung und Ersetzung vieler Sprachlaute, insbesondere
die Ersetzung hinterer velarer Laute durch vordere alveolare Laute – eine
Diagnose, die heute zwar differenzierter gefasst werden würde, in den
Grundzügen aber in dieser Epoche ihre Wurzeln hat.

Eine **zweite Denkepoche** beginnt nach dem Zweiten Weltkrieg in den
fünfziger Jahren. Bis hierhin entwickelt sich eine immer detailliertere Auseinandersetzung mit spezifischen Aspekten normabweichenden Sprachgebrauchs, den Möglichkeiten ihrer diagnostischen Erhebung und ihrer
therapeutischen Beeinflussung. Fachleute, Praktiker wie Wissenschaftler,
erkennen die Gefahr, durch die Sicht auf das Detail den Blick für das Ganze
zu verlieren. Symptomatisch für diese zweite Denkepoche ist das Streben
nach "Ganzheitlichkeit" und "Kindgemäßheit", wodurch sich die Sprachheilkunde mit Bezug auf die allgemeine Heilpädagogik zu einer Sprachheilpädagogik entwickelt. Dieser Denkepoche verdanken wir insbesondere eine
pädagogische Verankerung und eine Erweiterung des sprachbehindertenpädagogischen Blicks von der Sprachstörung auf den Menschen mit Sprachbehinderung. Ein Sinnbild wäre hier die von Orthmann (1969, 122) festgestell-
te "Seinsbesonderung" des Menschen mit Sprachbehinderung, aus der er
seine Erziehungsbedürftigkeit ableitet.

Mit Nick wäre demnach durchaus nicht nur an grammatischen Strukturen und an sprechmotorischen Abläufen der Artikulation von einzelnen Sprachlauten und Lautverbindungen zu arbeiten. Die früheren so genannten "passiven" Therapiemethoden, mit Hilfe von Spatel und Sonde die Zunge in die richtige Artikulationsstellung zu bringen, würden aus dieser Sicht abgelehnt, da sie weder ganzheitlich noch kindgemäß wären.

Typisch für diese Denkepoche wäre eher folgendes Szenario: Rösler und Geißler (1964) schlagen in ihrem Buch "Die fröhliche Sprechschule. Theorie und Praxis der heilpädagogischen Behandlung von Sprechstörungen" viele, wie sie schreiben, "lustbetonte Sprechübungen" vor, die Sprachgefühl, Sprachgedächtnis und Sprechdisziplin fördern sollen. Ich zitiere: „Solche Übungen sind ... nicht als formale Sprechübungen zu betreiben, sondern aus lebensnahen Situationen oder erschlossenen Unterrichtssituationen zu entwickeln. Beispiele: Ginge beim Nachgestalten des Geburtstagskaffees eine Tasse in Scherben, so ließe sich der Ruf: ‚Ui je, die Tasse ist kaputt!‘ auch auf anderes Geschirr übertragen. Oder Tintenheini wird von den saubergekleideten Mädchen mit Rufen wie: ‚Pfui, wie schmutzig! Pfui, wie häßlich!‘ abgelehnt. Oder die Klasse wird beim Lehrspaziergang von einem urplötzlich aufziehenden Gewitter überrascht ... Sie rufen: ‚Hui, wie rast der Sturm!‘ ‚Hui, wie jagt er mir Staub in die Augen!‘ Wie lustig läßt sich das spielen! Wie fein läßt es sich rhythmisch gestalten!" (Rösler & Geißler 1964, 36).

Viele Veröffentlichungen dieser Zeit, gerade auch zur schulischen Gestaltung kindgemäßer und ganzheitlicher Sprachförderung sind sehr lebendig und praxisnah, oft lassen sie aber auch schon gewonnene fachliche Erkenntnisse außer acht. Gleich einem historischen Pendelausschlag werden in einer **dritten Denkepoche** Kontrapunkte gesetzt, indem wieder stärker spezifische Details herausgearbeitet werden, die auch für das fachliche Selbstverständnis grundlegend werden. Diese dritte Denkepoche ist gekennzeichnet durch eine vertiefende sprachwissenschaftliche und spracherwerbstheoretische Betrachtung kindlicher Sprachentwicklung und Sprachentwicklungsstörungen.

Eingeleitet durch phonetische Grundlagenarbeiten in den siebziger Jahren werden in den achtziger und neunziger Jahren Aussprachestörungen, grammatische Entwicklungsstörungen und semantisch-lexikalische Entwicklungsstörungen vor allem aus diesen Perspektiven genauer analysiert. Ein wesentlicher Ertrag dieser Denkepoche besteht darin, dass kindliche Sprachentwicklungsstörungen einerseits durch sprachwissenschaftliche Fundierungen genauer und fachgerechter beschrieben werden können, was sich unter anderem in der Unterscheidung von phonologischen und phonetischen Aspekten bei Aussprachestörungen niederschlägt. Gemeinsamkeiten und Unterschiede zwischen zielsprachlicher Norm und individueller Sprachverwendung lassen sich so genauer als früher diagnostisch erfassen und für die Sprachförderung nutzen. Andererseits ermöglicht die ausgearbeitete spracherwerbstheoretische Grundlegung eine bessere Orientierung der Sprachförderung am normalen kindlichen Spracherwerb.

Die Äußerungen von Nick würden vor diesem Hintergrund einer detaillierten grammatischen und phonologisch-phonetischen Analyse unterzogen. In letztgenannter Hinsicht würde so zum Beispiel herausgearbeitet, dass Nick velare und alveolare Laute zwar phonologisch diskriminieren kann, wie sich im Sprachverständnis zeigt, dass er diese phonologische Opposition aber nicht produktiv umsetzen kann, weil er velare Laute sprechmotorisch nicht realisieren kann. Da hiervon wie auch von anderen feststellbaren phonologischen Prozessen viele ganz unterschiedliche Sprachlaute betroffen sind, würden Ausspracheerwerbstheorien einbezogen, um festzustellen, welche der noch nicht beherrschten lautlichen Kompetenzen Kinder üblicherweise als nächstes erwerben würden, um so für die nächsten Sprachfördersituationen die "Zone seiner nächsten Entwicklung" im phonologisch-phonetischen Bereich zu bestimmen.

Eine **vierte Denkepoche** scheint aktuell die vorherigen drei zu überformen, allerdings setzt die Annahme einer vierten Denkepoche einigen Optimismus voraus, ob dies berechtigt ist, muss sich erst noch erweisen. Nach meiner Wahrnehmung beginnt diese Denkepoche in den neunziger Jahren und fokussiert pädagogische und didaktische Fragen der Planung und Analyse von Sprachförderung, die vor dem Hintergrund der Inklusionsdiskussion auch unter institutionellen Aspekten erörtert werden. Einen Anlass hierfür mögen auch die Empfehlungen der Kultusministerkonferenz von 1994 zur sonderpädagogischen Förderung in den Schulen der Bundesrepublik Deutschland (KMK 1994) gegeben haben, in denen eine pädagogische Ausrichtung unter Berücksichtigung der Lebenswelt Betroffener ausdrücklich gefordert wird. Im Mittelpunkt stehen hier Konzepte, die diagnostisch das Bedingungsgefüge von Sprachbehinderungen aufzuschlüsseln helfen und deren Förderziele nicht mehr allein Gegebenheiten der Sprache und des Sprechens thematisieren, sondern auf die lebensweltliche sprachliche Handlungsfähigkeit gerichtet sind. Diese vierte Denkepoche ist damit erneut pädagogisch geprägt, wie auch Kracht (2010) feststellt, sie bezeichnet sie als das Ringen "um eine pädagogische Konzeptualisierung der Fachdisziplin" (Kracht 2010, 121).

Kennzeichnend für diese vierte Denkepoche sind Veröffentlichungen, die unterschiedliche Schwerpunkte setzen:

- Sie thematisieren erziehungstheoretische Fragen, indem sie die Beziehung zwischen Fachkraft und Kind fokussieren und erörtern, wie Situationen der Sprachförderung pädagogisch gestaltet werden können; dies trifft zum Beispiel für Lüdtkes Publikation mit dem Titel "Die pädagogische Atmosphäre" (Lüdtke 1998) zu.
- Sie thematisieren bildungstheoretische Fragen, indem sie Sprachdiagnostik und Sprachförderung im Kontext lebensweltlicher sprachlicher Handlungsfähigkeit betrachten; die Grundlagen hierfür liefert Welling (1990) in seinem Werk "Zeitliche Orientierung und sprachliches Handeln".
- Sie thematisieren didaktische Fragen der Gestaltung von Sprachfördersituationen, indem sie orientiert an allgemeinen Didaktik-Konzepten Kriterien vorschlagen, anhand derer begründet über Ziele der Sprachförderung, über die Auswahl sprachlicher Lerngegenstände, über Methoden und Medien der Sprachförderung entschieden werden

kann. Dies gilt zum Beispiel für die Relationale Didaktik nach Lüdtke (2010; 2012) und die Kooperative Didaktik nach Welling (u.a. 1998; 2004).

- Und sie nehmen teilweise expliziten Bezug auf die Allgemeine Erziehungswissenschaft und erarbeiten so ein erziehungswissenschaftliches Fundament für die Sprachbehindertenpädagogik, das in Vorzeiten oftmals nur behauptet wurde. Ein Meilenstein ist hier die schon lange vor den 90er Jahren von Homburg (1978) verfasste Schrift "Pädagogik der Sprachbehinderten", in der er Sprachförderung vor dem Hintergrund der Kulturhistorischen Schule und der Materialistischen Behindertenpädagogik konzeptionell fasst und dabei den Gebrauch von Sprache im umfassenden Sinn als "sprachliches Handeln" deutet. In den neunziger Jahren verfolgen Welling und einige Mitarbeiter ein vergleichbares Ziel, knüpfen aber an der Allgemeinen Erziehungswissenschaft und dem Konzept der Kooperativen Pädagogik an, deren Handlungstheorie für den Erwerb und Gebrauch von Sprache spezifiziert wird (vgl. u.a. Welling 1998; Kracht 2000; von Knebel 2008; von Knebel & Welling 2002).

Ich komme auf diesen Aspekt der pädagogischen Konsolidierung später noch einmal zurück, möchte jetzt aber erst einmal eine erste Zwischenbilanz ziehen und zusammenfassen, was aus disziplingeschichtlicher Perspektive gesehen zentrale Qualitätsmerkmale sprachbehindertenpädagogischer Professionalität sind.

2.2 Erste Zwischenbilanz: Qualitätsmerkmale sprachbehindertenpädagogischer Professionalität

Wie ein Rückblick auf die Fachgeschichte der Sprachbehindertenpädagogik und ihrer historischen Vorläuferdisziplinen zeigt, können die folgenden sechs Kennzeichen als charakteristische Qualitätsmerkmale sprachbehindertenpädagogischer Fachlichkeit angesehen werden. Drei weitere Kennzeichen sind hier bereits angelegt, können aber (noch) nicht als etablierte und allgemein akzeptierte Merkmale sprachbehindertenpädagogischer Fachlichkeit verstanden werden.

Um Missverständnissen vorzubeugen, erscheinen zwei Anmerkungen angebracht: Erstens lassen sich diese insgesamt neun Kennzeichen nicht allein damit begründen, dass sie in der sprachbehindertenpädagogischen Fachliteratur und Theoriebildung verankert sind. Zumindest teilweise ergibt sich ihre Begründung auch aus administrativer und professionalitätstheoretischer Sicht, wie nachfolgend noch aufgezeigt werden wird. Da sie aber zumindest auch Bestandteil sprachbehindertenpädagogischer Erörterungen sind, werden sie bereits hier in einer ersten disziplinbezogenen Zwischenbilanz aufgeführt. Zweitens erfüllt die Darstellung der Qualitätsmerkmale in der vorliegenden Form insofern nicht streng systematische Anforderungen, als inhaltliche Überschneidungen nicht ausgeschlossen werden können. Sie ergeben sich im Wesentlichen aus der Bezugnahme auf unterschiedliche Perspektiven und Bezugsdisziplinen, was abschließend noch knapp erläutert werden soll (vgl. 6.2).

In fachgeschichtlicher Hinsicht können die folgenden Kennzeichen als sprachbehindertenpädagogische Qualitätsmerkmale zusammengefasst werden:

Q 1 Sprachwissenschaftlich qualifizierte Beschreibung
Sprachwissenschaftliche Kompetenz zählt zu den ganz basalen Grundlagen, weil nur mit ihrer Hilfe die sprachlichen Besonderheiten kindlicher Äußerungen erfasst und dokumentiert werden können. Die Anforderungen an diese Kompetenz sind vielleicht nicht sehr anspruchsvoll, aber sehr umfassend, denn sie betreffen orientiert an den linguistischen Strukturebenen phonetische, phonologische, morphologische, syntaktische, semantische und lexikalische Aspekte.

Q 2 Sprachdiagnostische Fundierung

Für einen individuellen Zuschnitt sprachlicher Förderung reicht eine linguistisch angemessene Beschreibung kindlicher Äußerungen nicht aus. Solche Beschreibungen müssen auch analysiert und systematisch geordnet werden. Dafür, wie auch für die Erhebung kindlicher Äußerungen bedarf es sprachdiagnostischer Kompetenz. Sie umfasst konzeptionelle Grundlagen und methodisches Handlungswissen.

Q 3 Sprachentwicklungsorientierung

Sprachentwicklungsorientierung bedeutet zweierlei: erstens die Kenntnis und Nutzung spezifischer Sprachentwicklungstheorien wie zum Beispiel phonologische und grammatische Entwicklungstheorien, um auf dieser Grundlage bestimmen zu können, wo ein Kind gemessen an der üblichen Entwicklung aktuell steht und was, gemessen daran, seine nächsten Schritte im Erwerb zum Beispiel grammatischer oder phonologischer Formen sein können. Zweitens die Fähigkeit zur Beobachtung und Analyse individueller Sprachentwicklungsverläufe, um erkennen zu können, welche sprachlichen Gegebenheiten sich ein Kind gerade aneignet, um es in diesem Aneignungsprozess gezielt unterstützen zu können.

Q 4 Methodische Angemessenheit

Methodische Kompetenz ist in der Sprachförderung erstens erforderlich, weil nicht jeder sprachliche Lerngegenstand mit einer beliebigen Methode vermittelt werden kann. So können zum Beispiel phonologische Oppositionen nicht durch die Methode des Nachsprechens herausgearbeitet werden. Zweitens eignet sich nicht jede Methode für jedes Kind. Methoden der Sprachförderung können und müssen daher sowohl dem sprachlichen Gegenstand als auch dem zu fördernden Kind angepasst werden.

Q 5 Handlungs- und Lebensweltorientierung

Weil der Erwerb und Gebrauch von Sprache nicht um der Sprache willen erfolgt, sondern in subjektiv bedeutsame Sprachhandlungen eingebettet ist, sollten Situationen der Sprachförderung so gestaltet sein, dass sie dem Kind sinnhaftes und bedeutungsvolles Handeln ermöglichen. Dazu muss das Kind an seinen Handlungserfahrungen anknüpfen können, die es in seiner Lebenswelt gewonnen hat. Das Kind kann so den Gebrauchswert von Sprache erfahren, was Motivation des Kindes und Nachhaltigkeit des Lernprozesses unterstützt.

Q 6 Didaktische Strukturierung

Sprachförderung in Therapie und Unterricht verlangt vielfältige Planungsentscheidungen, die zumindest unter dem Anspruch von Professionalität nicht nur getroffen, sondern auch begründet werden können müssen. Sprachdidaktische Konzepte liefern hilfreiche Anregungen für eine qualifizierte Auswahl von Sprachförderzielen, sprachlichen Lerngegenständen, Handlungsinhalten, Methoden der Sprachförderung und Medien. Nicht zuletzt strukturieren sie auch mögliche Verknüpfungen von Sprachtherapie und Unterricht. Zugleich liefern sie nicht nur zentrale Grundlagen für die Planung qualifizierter Sprachförderung, sie bieten umgekehrt auch Strukturierungshilfen für die Analyse von Situationen der Sprachförderung.

Die nächsten drei Qualitätsmerkmale führe ich hier schon auf, weil sie in der vierten Denk-Epoche bereits explizit thematisiert werden, ohne damit schon gleich eine Hauptströmung der Fachrichtung zu kennzeichnen. Ihre Begründung ergibt sich in hohem Maße vor allem aus einer professionalitätstheoretischen Perspektive, die ich ja erst in einem übernächsten Schritt einnehmen möchte. Deshalb erlaube ich mir hier einen kleinen Exkurs, der in die Allgemeine Erziehungswissenschaft führt.

Exkurs

In diesem Zusammenhang möchte ich einen schon mehrfach formulierten Gedanken (vgl. u.a. von Knebel 2000; 2004; 2012) aufgreifen, der also keineswegs Neuartigkeit beanspruchen kann, der hier aber hilfreich wird, um die erziehungswissenschaftliche Substanz sprachbehindertenpädagogischer Konzepte zu bestimmen: Der renommierte Erziehungswissenschaftler Dietrich Benner charakterisiert den Kern traditioneller Pädagogik durch drei übergeordnete Theoriefelder (Benner 2001):

- Bildungstheorien, die nach dem Sinn und Zweck von Erziehung fragen, richten das Augenmerk auf die Bestimmung und Begründung von Bildungszielen sehr allgemeiner Art (z.b. Emanzipation, Freiheit, Selbstbestimmung).

- Erziehungstheorien fragen demgegenüber nach geeigneten Wegen, die zu beschreiten sind, damit sich die zu Erziehenden in Richtung des Bildungsziels verändern können und auch verändern wollen. Sie thematisieren, wie Benner ausführt, 'den richtigen Umgang mit Heranwachsenden' beispielsweise unter der Fragestellung, inwiefern sie selbst sich den Anstoß zur Bildung geben können und wo sie den Impuls der pädagogischen Fachkraft benötigen.

- Schließlich fragt Pädagogik als „Theorie pädagogischer Institutionen" nach Kriterien, die pädagogische Institutionen erfüllen müssen, um geeignete Orte pädagogischen Handelns sein zu können. Dabei ist der Begriff der pädagogischen Institution durchaus nicht gleich zu setzen mit "Schulform", vielmehr meint er Organisationsformen wie im sprachbehindertenpädagogischen Handlungsfeld zum Beispiel Einzeltherapie, Gruppentherapie, sprachtherapeutischer Unterricht oder Beratung von Fachkräften oder Eltern.

Sprachbehindertenpädagogische Förderung – so lässt sich schlussfolgern – verdient demnach nur dann das Attribut "pädagogisch", wenn sie auf das Bildungsziel sprachlicher Handlungsfähigkeit gerichtet ist, wenn ihre Situationsgestaltung erziehungstheoretisch fundiert ist und wenn sie reflektiert

Organisationsformen wählt, in denen die angestrebten Bildungsziele mittels Erziehung optimal realisiert werden können.

Vor diesem Hintergrund und mit dieser Begründung werden in der vierten Denkepoche drei weitere Qualitätsmerkmale grundgelegt:

Q 7   Bildungszielorientierung

Sprachförderung an Bildungszielen zu orientieren, meint mehr als Sprachfehler zu beseitigen. Sie ist im erziehungswissenschaftlichen Sinne darauf ausgerichtet, dem Kind durch die Sprachförderung zu einer verbesserten Handlungsfähigkeit in seinem Alltag zu verhelfen. Dadurch wird nicht nur der Anspruch einer pädagogischen Sprachförderung erfüllt, sondern auch eine Empfehlung der Kultusministerkonferenz umgesetzt, auf die ich gleich eingehen werde.

Q 8   Erziehungstheoretische Fundierung

Erziehungstheoretische Fundierung bedeutet, dass die Gestaltung von Sprachfördersituationen nicht nur den Anspruch methodischer Angemessenheit (s. Q 4) erfüllt, sondern darüber hinaus auch erziehungswissenschaftlich verankert ist. Daraus lassen sich wichtige Grundlagen für die Gestaltung von Sprachfördersituationen gewinnen, etwa unter der Frage, wie das Kind seine sprachlichen Lernprozesse selbst gestalten kann und wie die pädagogische Fachkraft es dabei unterstützen kann.

Q 9   Institutionelle Passung

Für die Sprachförderung müssen geeignete Organisationsformen wie z.B. Einzel- oder Gruppentherapie, sprachtherapeutischer Unterricht, Elternmitwirkung oder Beratung gewählt werden. Diese Organisationsformen müssen geeignet sein, Bildungsprozesse wirksam zu unterstützen, und das heißt hier: sprachliche Handlungsfähigkeit weiter zu entwickeln.

3. Zentrale Aspekte aus schulverwaltungsrechtlicher Perspektive

Wie einleitend bereits angekündigt, möchte ich aus einer zweiten, schulverwaltungsrechtlichen Perspektive kurz eingehen auf ausgewählte Vorgaben der Kultusministerkonferenz, weil diese länderübergreifende Richtlinien für das Praxisfeld Schule beinhalten, die mit den vorgeschlagenen Qualitätsmerkmalen durchaus korrespondieren, dabei aber einen ganz anderen Begründungszusammenhang liefern. Ich beziehe mich dabei auf die Empfehlungen der Kultusministerkonferenz zur Sonderpädagogischen Förderung in den Schulen der Bundesrepublik Deutschland von 1994, auf deren Konkretisierungen für den Förderschwerpunkt Sprache von 1998 und auf den Beschluss der KMK zur Inklusiven Bildung von Kindern und Jugendlichen mit Behinderung in Schulen von 2011.

3.1 Rahmenvorgaben der Kultusministerkonferenz (KMK)

Bezüglich der erstgenannten Quelle möchte ich nur einen Aspekt aufgreifen, den die Kultusministerkonferenz dort selbst hervorhebt, nämlich die Forderung einer pädagogischen Verankerung und einer lebensweltlichen Orientierung sonderpädagogischer Förderung.

Wortwörtlich zählt die Kultusministerkonferenz zu den "vordringlichen Aufgaben" sonderpädagogischer Förderung,
● "das Bedingungsgefüge einer Behinderung - ihre Ausgangspunkte und Entwicklungsdynamik - zu erkennen,
● die Bedeutung der jeweiligen Behinderung für den Bildungs- und Lebensweg des Kindes bzw. Jugendlichen einzuschätzen, um dann
● die pädagogischen Notwendigkeiten hinsichtlich Erziehung, Unterricht und Förderung so zu verwirklichen, daß die Betroffenen fähig werden, ein Leben mit einer Behinderung in sozialer Begegnung

sinnerfüllt zu gestalten und - wann immer möglich - eine Minderung oder Kompensation der Behinderung und ihrer Auswirkungen zu erreichen." (KMK 1994, 4).

Konsequenterweise konkretisiert die Kultusministerkonferenz diese Anforderungen in ihren Empfehlungen für den Förderschwerpunkt Sprache von 1998. Hier werden Spracherwerb und Sprachgebrauch als sprachliches Handeln mit lebensweltlicher Perspektive gefasst. Die sonderpädagogische Förderung im Förderschwerpunkt Sprache soll bildungszielorientiert ausgerichtet und in ein allgemeines pädagogisches Rahmenkonzept eingebunden sein (KMK 1998,4). Daraus lassen sich die eben schon vorgetragenen Anforderungen herleiten, nur dass sie hier nicht fachlich konzeptionell gewonnen werden, sondern auf administrativen Vorgaben beruhen (vgl. von Knebel 2004; von Knebel & Schuck 2007):

- Sprachförderung sollte nicht die Sprache oder das Sprechen an sich fördern, sondern die sprachliche Handlungsfähigkeit der Schülerinnen und Schüler in ihrer Lebenswelt zu erweitern helfen.
- Die Gestaltung von Sprachfördersituationen sollte erziehungstheoretisch fundiert werden, also auf gesicherte Erkenntnisse zurückgreifen, wie Bedingungen des Spracherwerbs und Sprachgebrauchs optimiert werden können.
- Drittens sollten für die Sprachförderung Organisationsformen gewählt werden, die strukturell geeignet sind, den angezielten sprachlichen Bildungsprozess zu unterstützen.

Laut Beschluss der Kultusministerkonferenz zur Inklusiven Bildung von 2011 ist die Bildung und Erziehung von Kindern und Jugendlichen mit Behinderung Aufgabe aller Bildungseinrichtungen und die Mitwirkung an sonderpädagogischer Unterstützung die Aufgabe aller Beteiligten (KMK 2011, 4). In der Inklusiven Schule soll lehrendes und nicht lehrendes, zum Beispiel therapeutisches Personal eingesetzt werden (KMK 2011, 18f.), so dass in der Schule der Zukunft eine wachsende Vielzahl von Berufsgruppen tätig sein wird, die im Hinblick auf sonderpädagogische Kompetenz – und im Spezialfall: sprachbehindertenpädagogischer Kompetenz – sehr heterogene Voraussetzungen mitbringen wird.

Vor diesem Hintergrund gewinnt das Handlungsfeld der Beratung eine neue und gewichtige Bedeutung. Sprachbehindertenpädagogische Förderung ist geprägt durch ein hohes Maß an Fachlichkeit. Ihre Effektivität hängt aber maßgeblich davon ab, dass sie nicht allein von der sprachbehindertenpädagogischen Fachkraft durchgeführt, sondern auch vom Umfeld des Kindes mitgetragen wird. In der klassischen Arbeit der Förderschulen mit dem Förderschwerpunkt Sprache betrifft dies vor allem die Eltern. Sie müssen fachlich beraten werden, damit sie die sprachliche Entwicklung ihres Kindes unterstützen können, ohne damit gleich schon zu professionellen Sprachförderern zu werden. Die Kunst der Beratung besteht auch darin, den Eltern so viel wie nötig und so wenig wie möglich an Fachwissen zu vermitteln, damit sie diese Aufgabe bestmöglich erfüllen können. In der Inklusiven Schule gewinnt diese Anforderung an Beratungskompetenz eine ganz neue Dimension. Denn Lehrkräfte mit der Fachrichtung Sprachbehindertenpädagogik verbringen hier viel weniger Zeit in der unmittelbaren Begegnung mit dem Kind und sind deshalb umso mehr darauf angewiesen, dass nicht nur Eltern, sondern vor allem auch alle anderen Lehrkräfte der Regelschule und gegebenenfalls therapeutische Fachkräfte aktiv an der Sprachförderung mitwirken. Sie müssen also eine sehr heterogene Zielgruppe qualifiziert beraten können. – Diese notwendige Kompetenz ist bislang noch kaum Gegenstand sprachbehindertenpädagogischer Theorie- und Konzeptentwicklung.

3.2 Zweite Zwischenbilanz: Qualitätsmerkmale sprachbehindertenpädagogischer Professionalität

Die erste Zwischenbilanz (vgl. 2.2) kann vor diesem Hintergrund ein wenig ergänzt werden: Zum einen wird erkennbar, dass bestimmte Qualitätsmerkmale, die sich bereits aus der Fachgeschichte der Sprachbehindertenpädagogik herauslösen lassen, auch aus schulverwaltungsrechtlichen Perspektive gefordert werden. Dazu gehören vor allem eine sprachdiagnostische Fundierung, Handlungs- und Lebensweltorientierung, Bildungszielorientierung und erziehungstheoretische Fundierung. Zum anderen ergibt sich aus dieser Perspektive ein neues Qualitätsmerkmal, das ich zielgruppen- und gegenstandsangemessene Beratung nennen möchte, das aber seitens der Fachdisziplin Sprachbehindertenpädagogik noch nicht – oder jedenfalls nicht hinreichend – konzeptionell aufgearbeitet ist:

Q 10 Zielgruppen- und gegenstandangemessene Beratung
In der Praxis der Sprachheilschulen hat die Beratung eine lange Tradition und war bislang vor allem auf die Eltern zugeschnitten. In der Inklusiven Schule nimmt ihre Bedeutung angesichts einer geringen Stundenzahl, in der sich Sprachbehindertenpädagogin und Kind direkt begegnen, erheblich zu. Außer den Eltern zählen therapeutische Fachkräfte und insbesondere alle Lehrkräfte der Schule zur Zielgruppe der Beratung. Beratung darf als die wesentliche Grundlage angesehen werden, die es ermöglicht, die Bedingungen des Umfeldes eines Kindes und somit die Bedingungen seiner Spracherwerbs zu optimieren.

4. Zentrale Aspekte aus professionalitätstheoretischer und erziehungswissenschaftlicher Perspektive

Damit sind bereits zehn Qualitätsmerkmale sprachbehindertenpädagogischer Professionalität benannt, von denen einige auch in einem ganz anderen Begründungskontext verankert sind. In einer professionalitätstheoretischen Perspektive nämlich, die ich nun kurz einnehmen möchte, um so schließlich auch den von mir in dieser Antrittsvorlesung so häufig verwendeten Begriff "sprachbehindertenpädagogischer Professionalität" zu erläutern. Ich orientiere mich dabei vor allem an der sehr gründlichen professionalitätstheoretischen Analyse, die Kracht (2010) im Rahmen ihrer Habilitationsschrift unter dem Titel "Pädagogische Professionalität in der Sprachförderung und der Sprachtherapie" durchgeführt hat. Sie geht in diesem Buch von der Professionalisierungsdiskussion in der allgemeinen Erziehungswissenschaft aus, betrachtet vor diesem Hintergrund Konzeptualisierungen von Professionalität in der Sonder- und Heilpädagogik, bevor sie dies für den Geltungsbereich der Sprachbehindertenpädagogik engführt und insbesondere für das Handlungsfeld der Sprachtherapie konkretisiert.

Sprachbehindertenpädagogische Professionalität kann nach Kracht (2010) als ein "berufliches Können" bezeichnet werden, "das sich an einer wissenschaftlichen Wissensbasis orientiert und auf die personale Problemlage in Erziehungs-, Bildungs- und Weiterbildungsprozessen … zielt" (Kracht 2010, 61). Und diese "personale Problemlage" bedarf einerseits – soweit sie aus Beeinträchtigungen der Sprache oder des Sprechens hervorgeht – einer für die Sprache oder genauer: einer für den Spracherwerb und für den Sprachgebrauch spezifizierten Wissensbasis. Andererseits entsteht eine solche "personale Problemlage" nur in der Praxis, in der Lebenswelt des Kindes, also auch in seiner schulischen Lebenswelt. Die Anforderungen an sprachbehindertenpädagogische Professionalität müssen sich deshalb sowohl auf die wissenschaftlichen Grundlagen als auch auf die schulische Praxis beziehen. Aus diesem Grund habe ich zuvor neben der fachwissenschaftlichen Perspektive auch die schulverwaltungsrechtliche eingenommen.

Diese dritte, professionalitätstheoretische Perspektive nehme ich nun ein, weil sie in mindestens drei Hinsichten bedeutsam wird: *Erstens* im Hinblick auf die Konsolidierung der schon genannten Qualitätsmerkmale sprachbehindertenpädagogischer Professionalität, *zweitens* im Hinblick auf das Verhältnis von Sprachbehindertenpädagogik und allgemeiner Erziehungswissenschaft und *drittens* im Hinblick auf die Verknüpfung von Theorie und Praxis, somit auch im Hinblick auf die Entwicklung von pädagogischer Professionalität in der Lehrerbildung.

zu 1. Konsolidierung der schon genannten Qualitätsmerkmale

Im Grundsatz werden die genannten zehn Qualitätsmerkmale sprachbehindertenpädagogischer Professionalität professionalitätstheoretisch schon insofern gestützt, als im Sinne der genannten Definition von Kracht (2010) eine Orientierung an einer wissenschaftlichen Wissensbasis mit Gegenstandsbezug – hier also mit Bezug auf den Gebrauch von Sprache und seinen möglichen Beeinträchtigungen – gefordert wird. Das wäre aber erst einmal nur eine sehr allgemeine Begründung dieser Qualitätsmerkmale insgesamt. Einige Qualitätsmerkmale werden aus dieser Perspektive dadurch ganz besonders hervorgehoben, dass es Problemlagen in Erziehungs- und Bildungsprozessen zu fokussieren gilt, wofür die Erziehungswissenschaft zentrale Grundlagen liefert.

Solche Problemlagen bestehen bei Sprachbehinderungen in der Einschränkung von sprachlicher Handlungsfähigkeit in der Lebenswelt der Betroffenen. Sprachbehindertenpädagogische Förderung – so lässt sich schlussfolgern – verdient demnach nur dann das Attribut "pädagogisch", wenn sie auf das Bildungsziel sprachlicher Handlungsfähigkeit gerichtet ist, wenn ihre Situationsgestaltung erziehungstheoretisch fundiert ist und wenn sie reflektiert Organisationsformen wählt, in denen die angestrebten Bildungsziele mittels Erziehung optimal realisiert werden können.

zu 2. Verhältnis von Sprachbehindertenpädagogik und allgemeiner Erziehungswissenschaft

In der zweiten Hinsicht möchte ich ganz kurz auf das Verhältnis von Sprachbehindertenpädagogik und allgemeiner Erziehungswissenschaft eingehen. Fachgeschichtlich lässt sich nämlich feststellen, dass die Sprachbehindertenpädagogik mit Wurzeln in der medizinischen Sprachheilkunde zwar zu verschiedenen Zeiten immer wieder die Frage nach ihrem Selbstverständnis aufgeworfen und ihren Bezug zur Pädagogik thematisiert hat. Dabei allerdings dominieren Versuche, tradierten Konzepten noch nachträglich und additiv das Attribut des Pädagogischen anzuhängen und so letztendlich, wie es Baumgartner formuliert, eine "Pädagogisierung der Sprachheilpädagogik" (Baumgartner 2004, 54) zu leisten.

Aus professionalitätstheoretischer Perspektive gesehen ergibt sich hier aber eine andere Relation, wie Kracht (2010) in Anlehnung an Reiser verdeutlicht:

Zunächst einmal ist zwischen "professionellen Konzepten", "Handlungsfeldern" und "Handlungsformen" zu unterscheiden. Die Grundlagen liefert die Allgemeine Pädagogik in Form von *professionellen Konzepten* zum Beispiel für die schulische Praxis, und das heißt hier: für das *Handlungsfeld* schulischer Erziehung und Bildung. Sie begründen allgemeine *Handlungsformen* wie zum Beispiel Klassenunterricht, Projektarbeit, Klassenfahrt, Förderunterricht.

Diese allgemeine *Konzepte* müssen von der Sprachbehindertenpädagogik spezifiziert werden unter Berücksichtigung von Erkenntnissen über Bedingungen des Spracherwerbs und Sprachgebrauchs einschließlich möglicher Beeinträchtigungen, um auf dieser Grundlage das *Handlungsfeld* schulischer Bildung und Erziehung bei sprachlichen Problemlagen wissenschafts- und praxisorientiert zu strukturieren. In diesem Rahmen wären dann *Handlungsformen* wie Sprachdiagnostik, Sprachtherapie, Sprachförderung im Unterricht, Beratung von Lehrkräften usw. zu entwickeln.

Die Sprachbehindertenpädagogik wäre dann nicht eine eigenständige Fachdisziplin, die im letzten Schritt durch eine "Pädagogisierung" noch einen Anschluss an die allgemeine Erziehungswissenschaft sucht, sondern sie wäre eine genuin erziehungswissenschaftliche Fachdisziplin, die Allgemeinpädagogisches durch ihren Gegenstandsbezug spezifiziert. Salopp formuliert ginge es dann nicht um eine Pädagogisierung der Sprachheilpädagogik, sondern um eine Spezifizierung der Pädagogik.

zu 3. Verknüpfung von Theorie und Praxis in der Lehrerbildung
Eine professionalitätstheoretische Perspektive ist schließlich drittens bedeutsam, weil sie Impulse liefert für die Verknüpfung von Theorie und Praxis und damit letztendlich auch für eine Weiterentwicklung von pädagogischer Professionalität in der Lehrerbildung. Historisch gesehen war das durchaus nicht schon immer so, ist aber heute der Schwerpunkt, wie Welling (2012, 431) resümiert: Demnach lässt sich bis in das 19. Jahrhundert zurück verfolgen, dass zunächst schon allein die Institutionalisierung von Erziehung und Bildung als Ausdruck von Professionalität gewertet wurde, später in den 1960er und 1970er Jahren vor allem eine wissenschaftliche Fundierung als professionell galt, während heute Professionalität insbesondere an der Struktur der Verbindung von pädagogischer Theorie und pädagogischer Praxis festgemacht wird.

Wenn sprachbehindertenpädagogische Professionalität in der Relation von wissenschaftlichem Wissen auf der einen Seite und von pädagogischen Praxisproblemen auf der anderen Seite ihren Ausdruck findet, dann stellt sich für jedes sprachbehindertenpädagogische Handlungsfeld sowohl in Wissenschaft wie auch in Praxis die Frage, wie diese Relation hergestellt und gestaltet wird. Dies gilt notwendig dann auch für alle Phasen der Lehrerbildung. Wie kommen zum Beispiel sprachbehindertenpädagogische Theorien und Konzepte in der zweiten Phase der Lehrerbildung zur Geltung? Wie werden Praxisprobleme in die erste Phase der Lehrerbildung integriert? Kracht (2010) berichtet zum Beispiel von Modellen des Praxisbezugs an den Universitäten von Dortmund, München und Hamburg. Hier, an der

Humboldt-Universität in Berlin, gab es in früheren Zeiten ein Ambulatorium, das es heute nicht mehr gibt. Dafür stehen wir heute vor der Einführung eines Praxissemesters im Masterstudium. Wie dies zu gestalten wäre, müsste unter der Zielsetzung sprachbehindertenpädagogischer Professionalität gerade unter dem Gesichtspunkt der Verknüpfung von Theorie und Praxis und im Hinblick auf die Anbindung an die allgemeine Erziehungswissenschaft bedacht werden.

Damit spreche ich aber schon Herausforderungen an, die sich aus meiner Betrachtung sprachbehindertenpädagogischer Professionalität ergeben. Ich möchte darauf abschließend noch kurz in der Form eines kleinen Ausblicks eingehen, zuvor aber noch einmal die vorgeschlagenen zehn Qualitätsmerkmale tabellarisch zusammenfassen.

5. Zusammenfassung: Zehn Qualitätsmerkmale sprach-behindertenpädagogischer Professionalität

Zehn Qualitätsmerkmale sprachbehindertenpädagogischer Professionalität
1. Sprachwissenschaftlich qualifizierte Beschreibung
2. Sprachdiagnostische Fundierung
3. Sprachentwicklungsorientierung
4. Methodische Angemessenheit
5. Handlungs- und Lebensweltorientierung
6. Didaktische Strukturierung
7. Bildungszielorientierung
8. Erziehungstheoretische Fundierung
9. Institutionelle Passung
10. Zielgruppen- und gegenstandangemessene Beratung

Tab. 1: Zehn Qualitätsmerkmale sprachbehindertenpädagogischer Professionalität

In Stichworten repräsentieren diese zehn Merkmale meine Antwort auf die im Thema ausgewiesene Frage: Sprachbehindertenpädagogische Professionalität in der Inklusiven Schule ist realisierbar, soweit diese Qualitätsmerkmale in ihr erfüllt werden. Andernfalls droht eine "Deprofessionalisierung", vor der drei anerkannte Wissenschaftler schon vor 20 Jahren eindringlich gewarnt haben. Gestützt auf Ahrbeck, Schuck und Welling (1990; 1992) möchte ich diese Warnung heute erneuern: Die Gelingensbedingungen der Inklusiven Schule sollten nicht vor einem ideologischen, sondern vor einem fachlichen Hintergrund diskutiert werden. Dazu braucht es klar definierte Kriterien. Meinen Vorschlag dazu kennen Sie jetzt.

Möglicherweise können diese Qualitätsmerkmale kontrovers diskutiert werden mit anderen Vertretern der Fachdisziplin wie zum Beispiel Seminarleitern für Sprachbehindertenpädagogik aus der zweiten Phase der Lehrerbildung oder mit in dieser Fachrichtung ausgebildeten Lehrkräften. Vielleicht können Sie auch Gewinn bringend diskutiert werden mit den Fachleuten für andere sonderpädagogische Fachrichtungen. Die Humboldt-Universität ist ja eine der letzten Studienstätten in der Bundesrepublik Deutschland, in denen noch alle sonderpädagogischen Fachrichtungen studiert werden können. Mich jedenfalls würde sehr interessieren, inwieweit es in den anderen Fachabteilungen des Instituts für Rehabilitationswissenschaften Parallelen oder Analogien bei der Bestimmung eigener, fachrichtungsspezifischer Professionalität gibt. Vielleicht hören wir dazu etwas in den nachfolgenden Kommentaren oder in der nächsten Zeit, ich jedenfalls wäre daran sehr interessiert!

Darüber hinausgehend ist aber auch von Interesse, welche Herausforderungen an Wissenschaft und an Praxis sich ergeben, wenn die vorgeschlagenen Qualitätsmerkmale akzeptiert und als Prüfkriterien für sprachbehindertenpädagogische Professionalität in der Schule, auch in der Inklusiven Schule, angewendet werden. Dieser Fragebereich ist zweifellos komplexer und brisanter. Ich möchte abschließend nur im Sinne eines exemplarischen Ausblicks einige Herausforderungen benennen, weit entfernt von einem Anspruch auf Vollständigkeit, die sich meines Erachtens in wissenschaftlicher und praktischer Hinsicht stellen. Dieser kleine Ausblick kann nur ein allererster Anstoß für eine weiterführende Diskussion in der Zukunft sein – nicht mehr, aber auch nicht weniger.

6. Ausblick: Herausforderungen an Wissenschaft und Praxis

6.1 Ausgewählte Herausforderungen an die Inklusive Schule

Mit Blick auf die Schulpraxis möchte ich in aller Kürze drei Herausforderungen benennen, die mir vordringlich erscheinen:

Die **erste** große Herausforderung sehe ich darin, Lehrkräfte für die Arbeit in der Inklusiven Schule **fachlich zu qualifizieren.** Sicherlich verfügen Sprachbehindertenpädagogen größtenteils über die notwendigen Kompetenzen, um die dargestellten zehn Qualitätsmerkmale zu erfüllen. Wahrscheinlich gibt es auch hier den einen oder anderen Fortbildungsbedarf, vor allem sind die sprachbehindertenpädagogisch qualifizierten Lehrkräfte aus meiner Sicht aber nicht hinreichend vorbereitet für die vielfältigen und umfänglichen Beratungsaufgaben. Zum anderen erscheint es mir notwendig, dass alle Lehrkräfte allgemeinbildender Regelschulen über Basisqualifikationen verfügen, die einen Kompetenztransfer unterstützen.

Etwas allgemeiner und bewusst auch provokativer formuliert ist damit das Problem angesprochen, dass das Schulwesen – und hier ist die Inklusive Schule nur ein markanter Baustein – seit Jahren unter einem massiven Reformdruck steht, auf den die in ihr arbeitenden Lehrkräfte nicht angemessen vorbereitet werden. Darauf weisen auch Eberwein und Feuser in ihrer "kritischen Analyse der politischen Struktur unseres Schul- und Bildungssystems" vom August 2012 hin. Sie fordern meines Erachtens zu Recht, "dass jegliche Schulreform mit einer Reform der Ausbildung von Lehrern beginnen muss – und nicht umgekehrt" (Eberwein & Feuser 2012, 1).

Ein obligatorisches Modul mit den Schwerpunkten Lernen, emotional-soziale Entwicklung und Sprache für alle Lehrämter, das so genannte LES-Modul, das in Berlin derzeit vorgesehen ist, wäre sicherlich ein geeigneter und begrüßenswerter Weg für eine Basisqualifikation aller Lehrkräfte. Ganz sicher wäre es aber keine tragfähige Alternative zur bisherigen Bildung von sonderpädagogischen Lehrkräften mit dem Förderschwerpunkt Sprache, weil ein solches Modul weder hinsichtlich des Zeitumfangs noch hinsichtlich der Inhalte in vergleichbarer Weise wie bislang zur Professionalisierung beitragen könnte.

Die **zweite** große Herausforderung sehe ich in der Bereitstellung hinreichender **personeller und materieller Ressourcen**. Eine wirklich flächendeckend wohnortnahe Beschulung ist logistisch anspruchsvoll, selbst in einem Ballungsgebiet wie Berlin.

Dem Berliner Gesamtkonzept Inklusive Schule (Abgeordnetenhaus Berlin 2011) ist zu entnehmen, dass der Anteil von Schülerinnen und Schülern mit sonderpädagogischem Förderbedarf im Schwerpunkt Sprache in Berlin mehr als doppelt so hoch ist wie im Durchschnitt des Bundesgebietes. Daraus ergeben sich erhebliche Bedarfe auch für Schülerinnen und Schüler, die Inklusive Schulen besuchen, wenn ihnen dort eine vergleichbar professionelle Sprachförderung zugestanden werden soll.

Dabei ist die Versorgung zur Zeit äußerst kritisch. Die Expertenkommission Lehrerbildung weist in ihren gerade erschienenen Empfehlungen darauf hin, dass der Bedarf der sonderpädagogischen Förderung an Grundschulen im Jahr 2011 bei 21.831 Wochenstunden lag, davon aber nur 5.491 Wochenstunden erteilt wurden (Senatsverwaltung für Bildung, Jugend und Wissenschaft 2012, 23). Das heißt, dass nur 25% des Bedarfes gedeckt waren! Diesem Papier ist auch zu entnehmen, dass 62,5% der Lehrkräfte an den Förderzentren Berlins kein sonderpädagogisches Studium absolviert haben (Senatsverwaltung für Bildung, Jugend und Wissenschaft 2012, 24). Dies zeigt, wie dringlich diese Herausforderung ist!

Die **dritte** große Herausforderung steht mit der zweiten im Zusammenhang. Erforderlich ist meines Erachtens die **Institutionalisierung strukturierter Netzwerke**. Vermutlich können regional unterschiedliche und in der Zeit veränderliche Bedarfe nur durch einen flexiblen und gut organisierten Einsatz sprachbehindertenpädagogischer Fachlichkeit abgedeckt werden. Das allerdings würde das Berufsbild der Lehrkraft im Förderschwerpunkt Sprache radikal verändern, was nicht nur unter dem Aspekt der Zumutbarkeit Fragen aufwirft, sondern außerdem weitere fachliche Qualifizierungsnotwendigkeiten nach sich ziehen könnte.

Eine "zentral gesteuerte Diagnostik", wie sie das Berliner Gesamtkonzept "Inklusive Schule" vorsieht (Abgeordnetenhaus Berlin 2011), oder eine bezirksbezogene Diagnostik, wie sie zur Zeit diskutiert wird, mag angesichts der bislang sehr heterogenen Zuweisungspraxis in Berliner Bezirken ein verständliches politisches Begehren sein, sie erscheint aber kaum zweckmäßig, wenn die Ressourcenvergabe gemäß dem so genannten "Throughput-System" (ebd., 48) nicht mehr schülerbezogen sondern schulbezogen erfolgt. Fachlich gesehen halte ich sie jedenfalls mit dem Grundsatz der wechselseitigen Verflechtung von Diagnostik und Förderung für unvereinbar und mit der hier angesprochenen Forderung nach einer Institutionalisierung strukturierter Netzwerke für inkompatibel.

6.2 Ausgewählte Herausforderungen an die Wissenschaft

Die vorgeschlagenen zehn Qualitätsmerkmale sprachbehindertenpädagogischer Professionalität sind aus mehrperspektivischen Analysen hervorgegangen, nehmen Bezug auf unterschiedliche Abstraktionsniveaus und sind deshalb systematisch nicht zureichend strukturiert, wie eingangs (2.2) eingeräumt wurde. Dies birgt den praktischen Vorteil, dass beispielsweise bei einer Analyse eines konkreten schulischen Praxisfeldes jedes dieser Merkmale einzeln geprüft werden kann, ohne dass daraus resultierende

Analyseergebnisse systembedingt widersprüchlich werden müssten. So wäre es zum Beispiel denkbar, dass eine Lehrkraft eine sprachförderliche Unterrichtssituation methodisch angemessen strukturiert (Q 4), ohne einen expliziten Bezug zu sprachdidaktischen Modellen herzustellen (Q 6). Umgekehrt würde aber eine didaktische Strukturierung methodisch angemessene Entscheidungen logisch beinhalten, so dass, aus dieser Perspektive gesehen, das Qualitätsmerkmal der methodischen Angemessenheit verzichtbar, da im Merkmal der didaktischen Strukturiertheit beinhaltet wäre. Ebenso wäre, um ein weiteres Beispiel zu geben, das Merkmal der Handlungs- und Lebensweltorientierung (Q 5) im Qualitätsmerkmal der Bildungszielorientierung (Q 7) aufgehoben, wenn dieses lebensweltliche Handlungsfähigkeit ohnehin thematisiert. Umgekehrt könnte praktisch aber durchaus eine Orientierung sprachlicher Förderung an der Lebenswelt des Kindes erfolgen, ohne dass damit schon eine Bildungszielorientierung im erziehungswissenschaftlichen Sinne sichergestellt wäre. – Insofern kann eine theoriegeleitete Systematisierung der zehn Qualitätsmerkmale als eine weiterführende wissenschaftliche Aufgabe betrachtet werden.

In wissenschaftlicher Hinsicht möchte ich hier aber vor allem drei ausgewählte Herausforderungen von größerer Reichweite schlaglichtartig benennen:

Erstens: Wenn an die Stelle der bisherigen Tradition, sprachbehindertenpädagogische Theorien und Konzepte quasi im Nachhinein durch eine erziehungswissenschaftliche Einordnung zu pädagogisieren eine logische Umkehrung treten soll, wenn also pädagogische Konzepte Ausgangspunkt und Basis sein sollen, die unter dem Gesichtspunkt des Spracherwerbs und Sprachgebrauchs fachlich zu spezifizieren wären, dann hätte dies eine grundlegende Bedeutung nicht nur für die Theoriebildung der Sprachbehindertenpädagogik. Erforderlich wäre dafür auch eine neuartige und sehr viel engere Zusammenarbeit mit der Allgemeinen Erziehungswissenschaft. Daraus ergibt sich aber auch die Frage, wie diese Relationen zwischen Allgemeinem und Besonderem in den anderen sonderpädagogischen Fachrichtungen des Instituts gesehen werden. Vermutlich gibt es Fachrichtungen, die einer solchen Umkehr gar nicht bedürfen, weil sie den Weg der Spezifizierung allgemeinpädagogischer Konzepte schon immer gegangen sind. Wahrscheinlich gibt es aber auch Fachrichtungen, die ähnlich wie die Sprachbehindertenpädagogik noch nicht grundlegend an der Allgemeinen Erziehungswissenschaft anknüpfen und diese Struktur vielleicht anstreben oder auch ablehnen. – Als neues Mitglied des Instituts bin ich sehr interessiert zu erfahren, wie dies in den anderen Fachrichtungen gesehen wird.

Zweitens sehe ich ganz unabhängig von der Schulform, aber durchaus auch im Hinblick auf die Inklusive Schule, eine vordringliche Herausforderung darin, die lebensweltliche sprachliche Handlungsfähigkeit weiter zu konzeptualisieren. Wenn sprachbehindertenpädagogische Förderung bildungszielorientiert ausgerichtet ist, wenn sie den Menschen darin unterstützen will, die sprachlichen Anforderungen in seinem Alltag besser zu bewältigen und so sprachlich handlungsfähiger zu werden, dann muss sie sich auch dafür interessieren, wie gut ihr das gelingt. Mit den in jüngster Zeit vermehrt diskutierten Konzepten einer evidenzbasierten Sprachtherapie (u.a. Beushausen & Grötzbach 2011) kann dieses Ziel nicht verwirklicht werden, solange nur empirisch prüfbare und der direkten Beobachtung zugängliche Kriterien angewendet werden.

Diese Herausforderung, die Effekte sonderpädagogischen Wirkens für die lebensweltliche Handlungsfähigkeit der Geförderten zu beurteilen, ist nicht nur in erziehungswissenschaftlicher Hinsicht von vorrangiger Bedeutung und darum für eine bildungszielorientierte Sprachförderung von großer Wichtigkeit, sie ist meiner Meinung nach auch fachrichtungsübergreifend von Bedeutung, beispielsweise unter der Fragestellung, inwiefern und inwieweit Konzepte der Förderung von motorischer und geistiger Entwicklung oder von kommunikativer Kompetenz bei Beeinträchtigungen des Hörens zur Erweiterung lebensweltlicher Handlungsfähigkeit beitragen können.

Glücklicherweise hatte ich in meinem ersten Semester schon Gelegenheit, diese Forschungsfrage mit einigen Kolleginnen und Kollegen anzusprechen und bin dabei zu meiner Freude auf Interesse gestoßen. Vielleicht erreiche ich heute mit dieser Frage auch noch weitere Kolleginnen und Kollegen. In jedem Fall bin ich sehr gespannt, welche Möglichkeiten sich auch in dieser Hinsicht an meiner neuen Wirkungsstätte für eine fachrichtungsübergreifende Zusammenarbeit ergeben.

Aus dem Gesagten ergibt sich für mich **drittens** die Herausforderung, die gegenwärtig praktizierten Formen einer Verknüpfung von Theorie und Praxis einschließlich der Möglichkeiten ihrer Optimierung zu reflektieren. Dabei denke ich an unterschiedliche Handlungsebenen:

- Nahe liegend ist natürlich, dies innerhalb der Fachabteilung Sprachbehindertenpädagogik zu tun. Hier gibt es nach meinen ersten Erfahrungen Traditionen, die die vorhandenen Möglichkeitsräume durchaus noch nicht ausschöpfen.

- Vorstellbar ist für mich auch, abteilungsübergreifend innerhalb des Instituts über die aktuellen Formen einer Theorie-Praxis-Verknüpfung ins Gespräch zu kommen. Natürlich ist damit der Wunsch verbunden, von positiven Erfahrungen anderer zu profitieren, aber auch die Bereitschaft, über wünschenswerte Veränderungen gemeinsam nachzudenken.

- Beinahe unerlässlich erscheint es mir, diese Thematik auch auf der Fakultätsebene zu erörtern. Denn wie sonst könnte diese Studienstätte Studierende darin unterstützen, Theorie-Praxis-Bezüge in der Verschränkung von Allgemeiner Erziehungswissenschaft und Sonderpädagogik respektive Sprachbehindertenpädagogik herzustellen? Um nur ein ganz konkretes Beispiel zu geben: Zur Zeit absolvieren Lehramtsstudierende im Masterstudiengang so genannte "Schulpraktische Übungen" im Bereich der Allgemeinen Erziehungswissenschaft, die zu-

mindest im Geltungsbereich der Abteilung Sprachbehindertenpädagogik weder mit anderen Praktika noch mit Lehrveranstaltungen
genauer abgestimmt sind. (Vielleicht und hoffentlich ist dies nur ein
spezifisches Problem der Abteilung Sprachbehindertenpädagogik und
dem besonderen Umstand einer zehnjährigen Verwaisung des Lehr-
stuhls geschuldet.)

• Auf der allgemeinsten Handlungsebene wäre schließlich zu überden-
  ken und weiterzuentwickeln, wie Theorie und Praxis über alle drei
  Phasen der Lehrerbildung hinweg – vom Studium über den Anwärter-
  dienst bis zur Fort- und Weiterbildung – enger und effektiver miteinander verknüpft werden können. Gute Erfahrungen habe ich beispielsweise an der Universität Hannover gesammelt, indem ausgewählte Lehrveranstaltungen in Kooperation mit dem Studienseminar,
  also der zweiten Phase der Lehrerbildung, durchgeführt wurden, wo-
  bei Studierende und Anwärter Tandems bildeten, die sowohl in der
  Schulpraxis als auch in der Universität zusammen arbeiteten.

7. Schlussbemerkungen

Die vorgetragenen Überlegungen entstammen vorwiegend fachwissenschaftlichen Betrachtungen und thematisieren deshalb administrativ-organisatorische Aspekte wie auch realisierte Standards in der Praxis nur am Rande. Insofern ergänzen sie, wie eingangs erwähnt, jüngere Impulse aus der Fachliteratur wie von Glück und Mußmann (2009) sowie von Glück und Theisel (2011; 2012). Die hier vorgeschlagenen zehn Qualitätsmerkmale sprachbehindertenpädagogischer Professionalität bedürfen nicht nur der systematischen Überarbeitung, sondern auch des fachlichen Diskurses sowohl mit wissenschaftlich wie auch mit praktisch arbeitenden Fachleuten. Auf dieser Grundlage könnten fachliche Standards formuliert werden, die einerseits hinreichend theoretisch begründet und andererseits hinreichend praxisbezogen konkretisiert wären, um fachliche Anforderungen an sprachbehindertenpädagogische Professionalität im Praxisfeld Schule – auch in der Inklusiven Schule – fundiert zu bestimmen. So viel zu meinem inhaltlichen Anliegen.

Gemäß dem primären Zweck einer Antrittsvorlesung, sich dem Kollegium und den Studierenden vorzustellen, hoffe ich Ihnen zumindest in kleinen, zugleich aber bedeutsamen Ausschnitten aufgezeigt zu haben, wodurch mein Zugang zu den Themengebieten der Sprachbehindertenpädagogik geprägt ist. Noch mehr hoffe ich, durch meine Ausführungen niemanden von Ihnen von einer Kooperation abgeschreckt zu haben. Wenn Sie nur dem einen oder anderen Punkt nicht zustimmen könnten und sich zum Widerspruch herausgefordert fühlten, dann wäre das gar nicht so schlimm, jedenfalls dann nicht, wenn Sie auch zustimmungsfähige Punkte erkennen konnten. Denn, wie ich einleitend schon sagte, bin ich ja überzeugt davon, dass es für eine gelingende Kooperation gar nicht darauf ankommt, alle Dinge gleich zu sehen, dass gerade unterschiedliche Sichtweisen sogar sehr förderlich sein können. Es käme dann nur darauf an, darüber in einen Austausch einzutreten.

In diesem Sinne freue ich mich auf die Zusammenarbeit mit Ihnen und danke Ihnen sehr herzlich für Ihre geduldige Aufmerksamkeit!

Literatur

Abgeordnetenhaus Berlin (2011): Gesamtkonzept "Inklusive Schule". Umsetzung der UN-Konvention über die Rechte von Menschen mit Behinderungen. (Drucksache 16/3822). Berlin.

Ahrbeck, B., Schuck, K. & Welling A. (1990): Integrative Pädagogik und Therapie. Zum Problem der Enttherapeutisierung in der Sprachbehindertenpädagogik. Die Sprachheilarbeit 35, 165–172.

Ahrbeck, B., Schuck, K. & Welling, A. (1992): Aspekte einer sprachbehindertenpädagogischen Professionalisierung integrativer Praxis. Die Sprachheilarbeit 37, 287–302.

Baumgartner, S. (2004): Pädagogisierung als Beitrag zur fachlichen Identität der Sprachheilpädagogik. In: Grohnfeldt, M. (Hrsg.): Lehrbuch der Sprachheilpädagogik und Logopädie. Bd. 5: Bildung, Erziehung, Unterricht, 53–68. Stuttgart: Kohlhammer.

Benner, D. (2001): Hauptströmungen der Erziehungswissenschaft. Eine Systematik traditioneller und modener Theorien. 4. Auflage. Weinheim: Beltz.

Beushausen, U. & Grötzbach, H. (2011): Evidenzbasierte Sprachtherapie. Grundlagen und Praxis. München: Urban & Fischer.

Eberwein, H. & Feuser, G. (2012): Kritische Analyse der politischen Struktur unseres Schul- und Bildungssystems. URL: http://www.georgfeuser.com/conpresso/_data/MANIFEST_zur_Politischen_Struktur_des_Schul-_und_Bil-dungssystem_von_H._Eberwein_und_G._Feuser.pdf (Aufruf am 22.10.2012).

Fröschels, E. (1913): Lehrbuch der Sprachheilkunde (Logopädie). Wien: Deuticke.

Glück, C. & Mußmann, J. (2009): Inklusive Bildung braucht exklusive Professionalität – Entwurf für eine 'Inklusive Sprachheilpädagogik'. Die Sprachheilarbeit 54, 212–219.

Homburg, G. (1978): Die Pädagogik der Sprachbehinderten. Rheinstetten: Schindele.

KMK (Sekretariat der Ständigen Konferenz der Kultusminister der Länder in der Bundesrepublik Deutschland; 1994): Empfehlungen zur sonderpädagogischen Förderung in den Schulen in der Bundesrepublik Deutschland. Beschluß der Kultusministerkonferenz vom 06.05.1994. Bonn: Ed. Bentheim.

KMK (Sekretariat der Ständigen Konferenz der Kultusminister der Länder in der Bundesrepublik Deutschland; 1998): Empfehlungen zum Förderschwerpunkt Sprache. Beschluß der Kultusministerkonferenz vom 26.06.1998. Bonn: Ed. Bentheim.

KMK (Sekretariat der Ständigen Konferenz der Kultusminister der Länder in der Bundesrepublik Deutschland; 2011): Inklusive Bildung von Kindern und Jugendlichen mit Behinderungen in Schulen. Beschluss der Kultusministerkonferenz vom 20.10.2011. Bonn: Sekretariat der KMK.

Knebel, U. von (2000): Kindliche Aussprachestörung als Konstruktion. Eine historische Analyse mit pädagogischer Perspektive. Münster: Waxmann.

Knebel, U. von (2004): Sprachheilpädagogik als Wissenschaft pädagogischer Praxis. In: Grohnfeldt, M. (Hrsg.): Lehrbuch der Sprachheilpädagogik und Logopädie. Bd.5: Bildung, Erziehung, Unterricht, 69–87. Stuttgart: Kohlhammer.

Knebel, U. von (2008): Sprachliches Handeln als zwischenmenschliche Kooperation – Schlussfolgerungen für Diagnostik und Förderung. In: Deutsche Gesellschaft für Sprachheilpädagogik e.V., (Hrsg.): Sprache als Brücke von Mensch. Cottbus.

Knebel, U. von (2012): Bildung und Erziehung. In: Braun, O. & Lüdtke, U. (Hrsg.): Sprache und Kommunikation, 492–496. Stuttgart: Kohlhammer.

Knebel, U. von & Schuck, K. (2007): Allgemeine Fragestellungen. In: Schöler, H. & Welling, A. (Hrsg.): Handbuch der Sonderpädagogik, Bd. 3: Sonderpädagogik der Sprache, 475–504. Göttingen: Hogrefe.

Knebel, U. von & Welling, A. (2002): "Zum Sprechen anleiten" – "Sprache vermitteln" – "Persönlichkeit umerziehen". Arten und Unarten antagonistischer Kooperation im sprachtherapeutischen Denken des 20. Jahrhunderts. In: Arbeitskreis Kooperative Pädagogik (AKoP) e.V. (Hrsg.): Vom Wert der Kooperation. Gedanken zu Bildung und Erziehung, 79–126. Frankfurt a.M.: Lang.

Kracht, A. (2000): Migration und kindliche Zweisprachigkeit. Interdisziplinarität und Professionalität sprachpädagogischer und sprachbehindertenpädagogischer Praxis. München: Waxmann.

Kracht, A. (2010): Pädagogische Professionalität in der Sprachförderung und der Sprachtherapie. Eine professionalitätstheoretische Analyse im Kontext der Sprachbehindertenpädagogik. Aachen: Shaker.

Lüdtke, U. (1998): Die pädagogische Atmosphäre: Analyse – Störungen – Transformation – Bedeutsamkeit. Eine anthropologische Grundlegung der Sprachheilpädagogik. Frankfurt a.M.: Lang.

Lüdtke, U. (2010): Relationale Didaktik in Sprach-Pädagogik und Sprach-Therapie: Historische Einbettung und aktuelle Forschung. Mit Sprache 1, 21–46.

Lüdtke, U. (2012): Sprachdidaktiktheorie. In: Braun, O. & Lüdtke, U. (Hrsg.): Sprache und Kommunikation, 450–491. Stuttgart: Kohlhammer.

Motsch, H.-J. (2009): Förderschwerpunkt Sprache: Still-stand-ards oder zukunftstaugliche Innovation? In: Wember, F. & Prändl, S. (Hrsg.): Standards der sonderpädagogischen Förderung, 233–245. München: Reinhardt.

Orthmann, W. (1969): Zur Struktur der Sprachgeschädigtenpädagogik. Berlin: Marhold.

Rösler, A. & Geissler, G. (1964): Die fröhliche Sprechschule. Theorie und Praxis der heilpädagogischen Behandlung von Sprachstörungen. 5. Auflage. Berlin: Marhold.

Senatsverwaltung für Bildung, Jugend und Wissenschaft (2012): Ausbildung von Lehrkräften in Berlin. Empfehlungen der Expertenkommission Lehrerbildung. Berlin. URL:http://www.berlin.de/imperia/md/content/sen-bildung/lehrer_werden/expertenkommission_lehrerbildung.pdf?start&ts=1348646035&file=expertenkommission_lehrerbildung.pdf (Aufruf am 22.10.2012).

Theisel, A. & Glück, C. (2011): Qualitätsmerkmale sprachheilpädagogischen Unterrichts in der empirischen Forschung. Aufruf zur Bearbeitung eines Lehrerfragebogens. Die Sprachheilarbeit 56, 269–274.

Theisel, A. & Glück, C. (2012): Hauptmerkmale eines entwicklungswirksamen Unterrichtsangebotes für sprachbeeinträchtigte Kinder in der Einschätzung von Experten. Die Sprachheilarbeit 57, 1, 24–34.

Verband Sonderpädagogik e.V. (2008): Standards der sonderpädagogischen Förderung. Zeitschrift für Heilpädagogik 59, 42–64.

Welling, A. (1990): Zeitliche Orientierung und sprachliches Handeln. Handlungstheoretische Grundlegungen für ein pädagogisches Förderkonzept. Frankfurt a.M.: Lang.

Welling, A. (1998): Sprachliches Handeln und Bewegungshandeln: Ein Praxiskonzept kooperativer Sprachtherapie mit Kindern. In: Frühwirth, I. & Meixner, F. (Hrsg.): Sprache und Bewegung, 23–45. Wien: Jugend und Volk.

Welling, A. (2004): Kooperative Sprachdidaktik als Konzept sprachbehindertenpädagogischer Praxis. In: Grohnfeldt, M. (Hrsg.): Lehrbuch der Sprachheilpädagogik und Logopädie. Bd.5: Bildung, Erziehung, Unterricht, 127–146. Stuttgart: Kohlhammer.

Welling, A. (2012): Professionalisierung. In: Braun, O. & Lüdtke, U. (Hrsg.): Sprache und Kommunikation, 427–432. Stuttgart: Kohlhammer.

Kurz-Kommentar aus rehabilitationspädagogischer Sicht
(von *Vera Moser*)

Inklusive Bildung und Sprachbehindertenpädagogik aus interdisziplinärer Perspektive

Die Arbeiten von Herrn von Knebel zeichnen sich durch zwei relevante Orientierungen aus: einerseits geht es um die explizit pädagogische Ausrichtung dieses Faches und zweitens um interdisziplinäre Verknüpfungen, insbesondere innerhalb der Rehabilitationswissenschaften. Die nachstehenden Kommentierungen nehmen auf diese beiden Prämissen Bezug und erweitern diese um die Frage, inwiefern Sprachbehindertenpädagogik im Kontext der Entwicklung inklusiver Bildungssysteme eine besondere Spezifikation erhält.

1. Bildungswissenschaftliche und Allgemeindidaktische Perspektiven der Sprachbehindertenpädagogik

Aus Sicht der Pädagogik bei Beeinträchtigungen des Lernens und den Allgemeinen Rehabilitationswissenschaften bieten sich vor allem Anknüpfungen an Themenfelder der Allgemeinen Erziehungswissenschaft an: Hier sind insbesondere die Bereiche der Bildungstheorie sowie die Entwicklung didaktischer Arrangements für heterogene Lerngruppen zu nennen. Herrn von Knebels frühe Arbeiten zur Wortbedeutungsentwicklung (von Knebel 1991) könnten hierfür einen interessanten Anfangspunkt bilden für eine Bildungstheorie unter den Gesichtspunkten der Kommunikation und Bedeutungskonstruktion. Wenn Kommunikation als Ermöglichung von Teilhabe interpretiert wird, können hier sowohl kultur-, als auch kommunikations- und sprachtheoretische Perspektiven und im engeren Sinne bildungstheoretische Ansätze für eine inklusive Pädagogik beschrieben werden, die die bisherigen bildungstheoretischen Grundlegungen von Prengel (1993), Hinz

(1993) und Feuser (1995) weiterentwickeln würden. Bildung unter den Bedingungen von Inklusion wäre als Dimensionen der konkreten Teilhabe über Kommunikation, der Anerkennung von differenten Kommunikationsstrategien und der Bestimmung von Teilhabeprozessen als Dimensionen individueller und gesellschaftlicher Bildungsprozesse über die Entfaltung gemeinsamer Sinnbestimmungen/Bedeutungsfindungen auszubuchstabieren. Letzteres ist dabei, wie die Arbeiten von Simone Seitz (2005) zeigen, auch eine genuin didaktische Perspektive, denn das Verständnis für unterschiedliche Sinnkonstruktionen steht im Zentrum von Lernprozessen, die die Heterogenität von Lerngruppen ernst nimmt.

2. Sprachbehindertenpädagogik und inklusive Schul- und Unterrichtsentwicklung

Für den Zusammenhang Sprachbehindertenpädagogik und inklusive Schulentwicklung sowie die Entwicklung inklusiver didaktischer Arrangements scheint es mir zunächst nicht unerheblich zu prüfen, wer genau die schulische Klientel der Sprachheilpädagogik ist. Inzwischen wird vermehrt darauf hingewiesen, dass weniger Redeflussstörungen als vielmehr Sprachentwicklungsverzögerungen die Hauptproblemlagen in diesem Bereich darstellen (z.B. Berg et al. 2009). Und hier handelt es sich vor allem um dysgrammatische Störungen, die nicht losgelöst vom Aufwachsen unter prekären Bedingungen (einschließlich Migrationshintergrund) zu betrachten sind. Insofern ergeben sich hier durchaus Anknüpfungen zum Bereich der Pädagogik bei Beeinträchtigungen des Lernens, die ebenfalls Bildungsprozesse im Kontext prekärer Sozialisationsbedingungen untersucht und hier auch präventive Konzepte prüft, wie aber auch zu Ansätzen der Didaktik ,Deutsch als Zweitsprache'.

Mit Blick auf eine inklusive schulische Didaktik wäre die Integration sprachförderbezogener Maßnahmen auch in den Bereich der Leseförderung interessant z.b. in Kooperation mit der Grundschulpädagogik, wie auch die Einbeziehung evidenzbasierter Förderangebote, wie sie derzeit im Bereich des Response-to-Intervention-Ansatzes auch für den Bereich der Deutschdidaktik entwickelt werden (vgl. z.b. Müller et al. 2012; Voß et al. 2013; Hartmann 2013). Da sich Herrn von Knebels Arbeiten selbst auch auf die Evaluation von Sprachfördermaßnahmen beziehen, wäre die Fokussierung dieser Fragestellung auf inklusive Settings auch für diesen Zusammenhang aus meiner Sicht besonders dringlich.

Insofern unterstütze ich ausdrücklich den Vorschlag, Diagnostik nicht lediglich als Ressourcensteuerungsinstrument anzusehen, sondern als zentrale Hinweise auf Entwicklungsstände und Förderkonzepte. Der kürzlich hierzu veröffentlichte Aufsatz: „Auf dem Weg zu einer inklusionstauglichen Diagnostik" (von Knebel 2010) ist für diese Debatte ein wichtiger Anknüpfungspunkt, ebenso wie die Arbeiten zu einer Inklusiven Diagnostik im Europäischen Vergleich (z.b. Hausotter & von Knebel 2005), die für die ‚European Agency for the Development of Special Needs Education' angefertigt wurden.

3. Sprachbehindertenpädagogik im Kontext von Prävention

Das Engagement und der Transfer rehabilitationswissenschaftlicher Forschung in den Bereich der Elementar- und Frühpädagogik scheint mir für die Disziplinen Verhaltensgestörten-, Sprachbehindertenpädagogik und der Pädagogik bei Beeinträchtigungungen des Lernens eine besonders wichtige Dimension ihrer Weiterentwicklung. Hier sind Anknüpfungen an Forschungen zum Transitionsprozess Kindergarten-Grundschule ebenso relevant wie die Entwicklung von Qualifizierungsmaßnahmen für Erzieher/innen in den Bereichen der Elementar- und Frühpädagogik allgemein. Denn schließlich kommt kein Kind verhaltensgestört oder lernbeeinträchtigt und auch nur in sehr seltenen Fällen sprachbehindert auf die Welt und die Beratung, aber auch Aus- und Weiterbildung von Eltern und Erzieher/innen ist ein anwachsendes Arbeitsfeld. Herr von Knebel hat dazu bereits einen Text vorgelegt unter dem Titel „Wie lernen Kinder sprechen? Sprachentwicklung und -förderung im Kontext der Persönlichkeitsentwicklung" (von Knebel 2009).

Aus diesen Ausführungen sollte deutlich geworden sein, inwiefern der Bereich der inklusiven Bildung sprachbehindertenpädagogische Expertise benötigt, die wiederum für interdisziplinäre Anknüpfungen offen ist.

Literatur

Berg, M., Berkemeier, A., Funke, R. & Glück, C. (2009): Sprachliche Heterogenität in der Sprachheil- und Regelschule. Tagungsband der Abschlusstagung "Programm Bildungsforschung" der Landesstiftung Baden-Württemberg am 8. Oktober 2009. Stuttgart: Landesstiftung Baden-Württemberg.

Feuser, G. (1995): Behinderte Kinder und Jugendliche: Zwischen Integration und Aussonderung. Darmstadt: Wissenschaftliche Buchgesellschaft.

Hartmann, E. (2013): Schulweite Prävention von Lese-Rechtschreibschwierigkeiten im RTI-Modell. Gemeinsam Leben 21, 100–108.

Hausotter, A. & Knebel, U. von (2005): Assessment und Förderdiagnostik im Schulsystem - Länderbericht Bundesrepublik Deutschland. (Im Auftrag der European Agency for Development in Special Needs Education). Brüssel.

Hinz, A. (1993): Heterogenität in der Schule. Integration – Interkulturelle Erziehung – Koedukation. Hamburg: Erziehung und Wissenschaft.

Knebel, U. von (1991): Überlegungen zur Förderung der Wortbedeutungs-entwicklung im Rahmen eines kooperativen Unterrichts - dargestellt am Beispiel eines Unterrichtsvorhabens mit schwerhörigen Grundschülern. In: Arbeitskreis Kooperative Pädagogik (AKoP) e.V. (Hrsg.): Jahrbuch zur Kooperativen Pädagogik, Bd. 2: Sprache und Bewegung, 123–150. Frankfurt a.M.: Lang.

Knebel, U. von (2009): Wie lernen Kinder sprechen? Sprachentwicklung und -förderung im Kontext der Persönlichkeitsentwicklung. Zeitschrift für Tagesmütter und Tagesväter (ZeT) 2, 2–5.

Knebel, U. von (2010): Auf dem Weg zu einer inklusionstauglichen Diagnostik. Entwicklungsnotwendigkeiten und Orientierungsgrundlagen – exemplarisch konkretisiert für den Förderschwerpunkt Sprache. Sonder-pädagogische Förderung heute 55, 231–251.

Müller, B., Richter, T., Križan, A., Hecht, T. & Ennemoser, M. (2012): Evidenzbasierte Leseförderung: Vorstellung einer Interventionsstudie. Diskurs Kindheits- und Jugendforschung 7, 213–220.

Prengel, A. (1993): Pädagogik der Vielfalt. Verschiedenheit und Gleich-berechtigung in Interkultureller, Feministischer und Integrativer Pädagogik. Opladen: Verlag für Sozialwissenschaften.

Seitz, S. (2005): Zeit für inklusiven Sachunterricht. Baltmannsweiler: Schneider.

Voß, S., Blumenthal, Y., Diehl, K., Mahlau, K., Sikora, S. & Hartke, B. (2013): Das Rügener Inklusionsmodell (RIM) – Zwischenergebnisse nach 2 Jahren. Gemeinsam Leben 21, 91–99.

Kurz-Kommentar aus rehabilitationspsychologischer Sicht
(von *Erwin Breitenbach*)

Sprachbehindertenpädagogische Professionalität und Rehabilitations-psychologie - Anmerkungen zur Antrittsvorlesung von Prof. Dr. von Knebel

Aus der Perspektive der Rehabilitationspsychologie ergeben sich eine Reihe von Anknüpfungspunkten, Parallelen und auch Überschneidungen zu den von Herrn Kollegen von Knebel in seiner Antrittsvorlesung vorgetragenen Qualitätsmerkmalen sprachbehindertenpädagogischer Professionalität. Vor allem der Vergleich mit dem Konzept der Förderdiagnostik erweist sich hier in besonderer Weise als lohnenswert.

Trotz bedenkenswerter kritischer Einlassungen gegenüber dem Konzept der Förderdiagnostik, dass etwa der Anspruch, von einem Ist-Zustand nächste Förderschritte ableiten zu können, als naturalistischer Fehlschluss zu betrachten sei (Schlee 1985), oder dass empirisch validierte Konzepte und spezifische förderdiagnostische Methoden fehlen (Hofmann 2003, Moser & v. Stechow 2005), scheint es notwendig und möglich, so Breitenbach (2013), einzelne Bestimmungsstücke der Förderdiagnostik herauszuarbeiten und zu benennen ohne den Anspruch zu erheben, diese Aspekte seien förderdiagnostisch spezifisch. Vielmehr handelt es sich hierbei um Merkmale, die im Zusammenhang mit der förderdiagnostischen Strategie von besonderer Bedeutsamkeit sind und die die Praxis der förderdiagnostischen Arbeit treffend beschreiben. In der einschlägigen Fachliteratur wird das Konzept der Förderdiagnostik in großer Übereinstimmung mit folgenden Bestimmungsstücken gekennzeichnet:

- Förderdiagnostik analysiert Lernprozesse, ist Lernprozessdiagnostik
- Förderdiagnostik bezieht den Kontext mit ein, ist Situationsdiagnostik
- Förderdiagnostik verknüpft konsequent Diagnose und Förderung, ist ein hypothesengeleiteter Prozess
- Förderdiagnostik braucht vorgeordnete Theorien.

Vor diesem Hintergrund erscheinen im Hinblick auf die Ausführungen Herrn von Knebels in seiner Antrittsvorlesung die folgenden Anmerkungen bedeutsam:

1. Förderdiagnostik analysiert Lernprozesse und ist damit entwicklungsorientiert

Eine struktur- oder entwicklungsorientierte Diagnostik greift auf Erwerbsprozessmodelle zurück und stellt mit ihrer Hilfe fest, wie weit zum Beispiel ein Schüler bereits in den Lernstoff eingedrungen ist und kann gleichzeitig aus diesen Modellen ableiten, welche nächsten Schritte in der Förderung zu gehen sind. Solcher Art Lernprozessdiagnostik bedient sich vorwiegend entsprechender Aufgabensammlungen oder Kompetenzinventare, die jeweils der entsprechenden Entwicklungslogik folgen und das jeweilige Erwerbsprozessmodell abbilden. Wenn Diagnostiker den Fehler schätzen, weil er auf das Fehlende verweist, so können qualitative Fehleranalysen in Verbindung mit dem entsprechenden Erwerbsprozessmodell ebenfalls Auskunft geben über erfolgte und noch ausstehende Lernschritte. Breitenbach (2003) weist darauf hin, dass Förderdiagnostik als Lernprozessdiagnostik nicht bei der Bestimmung des Lernstandes und der nächsten Lernschritte stehen bleiben darf, sondern darüber hinaus unter Rückgriff auf Wygotskis Methode der systematischen Aufgabenvariation auch aufdecken muss, auf welche Art und Weise ein Kind lernt oder anders formuliert, welche Hilfen dieses Kind braucht, um die Zone der proximalen Entwicklung zu durchschreiten und um damit die nächsten Lern- und Entwicklungsschritte gehen zu können.

2. Förderdiagnostik bezieht die Situation, den Kontext mit ein und ist damit handlungs- und lebensweltorientiert

Da Förderdiagnostik davon ausgeht, dass das zu untersuchende Verhalten nur in seinem Kontext versteh- und erfassbar ist, ergibt sich zwangsläufig eine handlungs- und lebensweltorientierte Perspektive. Nach Sander (1998) erfasst die Kind-Umfeld-Analyse möglichst alle relevanten personellen und materiellen Gegebenheiten im Umfeld eines Kindes. Sie stellt nicht das Kind isoliert in den Mittelpunkt der diagnostischen Bemühungen, sondern erweitert vielmehr den Blick auf das Zusammenspiel von Person und materialen Bedingungen, die durch das System, in dem ein Kind lebt, gegeben sind. Kretschmann (2006) differenziert den Kontext in schulisches und häusliches Umfeld sowie in Gleichaltrige und andere Lebensbereiche. Zum schulischen Umfeld zählen aktuelle schulische Bedingungen, die die Entwicklung des Kindes behindern oder gefährden oder für die Entwicklung des Kindes besonders förderlich sind sowie die schulische Lerngeschichte und Entwicklung. Analog besteht das häusliche Umfeld aus aktuellen häuslichen Bedingungen, die die Entwicklung des Kindes behindern oder gefährden oder für die Entwicklung des Kindes besonders förderlich sind sowie die Entwicklung der Familienverhältnisse und der häuslichen Lebensumstände. Gleiches gilt auch für die weiteren Bedingungen und Lebensumstände. Breitenbach (2003) zieht zur Bestimmung der Lernsituation und damit zum Finden bedeutsamer Informationen aus der Lebensumwelt eines Kindes das Konzept des Lebensraums von Kurt Lewin heran.

3. Förderdiagnostik ist ein hypothesengeleiteter Prozess, braucht vorgeordnete Theorien und ist damit bildungszielorientiert und berücksichtigt in diesem Zusammenhang auch didaktische Konzepte und eine institutionelle Passung

Breitenbach (2013) beschreibt den förderdiagnostischen Prozess als ein hypothesenbildendes und hypothesenprüfendes Vorgehen, das Diagnose und Förderung konsequent miteinander verknüpft:

Aus seinem didaktischen Wissen heraus macht ein Lehrender einem Kind oder Jugendlichen ein Lehrangebot, um ein bestimmtes Lernziel zu erreichen. Trifft ein solches Lehrangebot beim Lernenden auf Lernbereitschaft und entsprechende Lernfähigkeit, wird das Kind sich auf dieses Lehrangebot einlassen und auf das Neue aktiv zugreifen. An verschiedenen Stellen des Lehr-Lern-Prozesses können jedoch beim Lernenden aus den unterschiedlichsten Gründen Lernschwierigkeiten, Lernhemmungen auftreten, die er nicht allein und nicht mit den bisherigen Hilfen überwinden kann. Der Lehrende ist nun gezwungen, den Lehr-Lern-Prozess an dieser Stelle zu analysieren, um zu verstehen und um aus diesem Verstehen heraus dem Lernenden weitere Hilfen zur Überwindung seiner Lernhemmungen anbieten zu können. Es entsteht für den Lehrenden damit eine spezifische diagnostische Fragestellung.

Der Lehrende besitzt einerseits ein allgemeines Wissen über Lehren und Lernen, über den Verlauf einzelner Erwerbsprozesse und über Lernhindernisse sowie andererseits auch bereits ein bestimmtes Wissen über den Lernenden und dessen individuelle Lernbedingungen. Auf dieser Wissensbasis entwickelt der Lehrende erste Hypothesen über mögliche Gründe und Bedingungen für das Entstehen der Lernhemmung beim Lernenden.

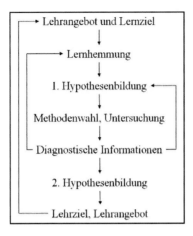

Abb. 1: Schematische Darstellung des förderdiagnostischen Prozesses (Breitenbach 2003, 67)

Im nächsten Schritt wird der Lehrende versuchen, seine Hypothesen zu
überprüfen, indem er geeignete diagnostische Verfahren auswählt und sie
anwendet. Er erhält auf diese Weise diagnostische Informationen, die seine
Vermutungen bestätigen oder nicht. Bestätigen die diagnostischen Informationen die Vermutungen des Lehrenden nicht, muss er neue Hypothesen über
den möglichen Bedingungshintergrund entwickeln. Erhärtet sich jedoch der
ursprüngliche Verdacht über den Bedingungshintergrund der Lernhemmung,
wird der Lehrende auf der Basis seines pädagogisch-didaktischen Fachwissens Hypothesen über nächste Entwicklungsschritte und entsprechende
Fördermaßnahmen entwerfen. Setzt der Lehrende sein Lehrangebot in die
Tat um, kann er beobachten, inwieweit der Schüler auf dieses Angebot
zugreift, mit dem veränderten Lehrangebot seine Lernhemmungen über-
windet. Der Lehrende erfährt auf diese Weise, ob seine Hypothesen, das
neue Lehrangebot betreffend, hilfreich und damit richtig sind. Werden die
gesteckten Lern- oder Entwicklungsziele mit den gewählten Hilfen jedoch

nicht erreicht, müssen die diagnostischen Informationen noch einmal dahingehend analysiert werden, ob sich nicht aus ihnen heraus weitere Förderangebote entwickeln lassen. Unter Umständen wird es vielleicht sogar erforderlich, die Lernhemmung in der spezifischen Lernsituation erneut zu betrachten, um zu neuen ersten Hypothesen zu gelangen und auf dieser Basis den gesamten Prozess erneut zu durchlaufen.

Die Beschreibung der Förderdiagnostik als hypothesengeleiteter Prozess macht deutlich, dass sie notwendigerweise eingebettet sein muss in pädagogische, didaktische oder psychologische Theorien, aber selbstverständlich auch vorgegebene Bildungsziele und institutionelle Möglichkeiten und Grenzen zu berücksichtigen hat. Nur auf der Grundlage eines derartigen Fachwissens lassen sich an den entsprechenden Stellen des förderdiagnostischen Prozesses die erforderlichen Hypothesen gewinnen. Mittels Förderdiagnostik werden also nicht Kinder und Jugendliche untersucht, sondern die Annahmen der Diagnostiker über diese.

Darüber hinaus ist Diagnostik allgemein ein interpretierendes Vorgehen, das an verschiedenen Stellen auf vorgeordnete Theorien zurückgreifen muss. Bereits die Datenaufnahme ist ein aktives Gestalten und Konstruieren, denn der Diagnostiker findet die Daten nicht einfach als gegeben vor, um sie dann nur noch einsammeln zu müssen. Diagnostische Daten treten als solche erst unter bestimmten Fragestellungen und Perspektiven in Erscheinung. Je nach Fragerichtung, Sicht- und Herangehensweise ergeben sich unterschiedliche Daten. In den abgenommenen Daten an sich steckt noch keine bedeutsame Aussage. Die Bedeutung ist den Daten nicht inhärent, sondern sie bedürfen der Interpretation, die ihrerseits ebenfalls theoretisch fundiert sein muss, will man Beliebigkeit vermeiden. Schließlich lassen sich aus den interpretierten Daten nur dann sinnvolle Konsequenzen ziehen, wenn theoretische Konzepte vorliegen, die über entsprechende Zusammenhänge und Regelhaftigkeiten Auskunft geben. Die Qualität einer diagnostischen Tätigkeit und ihre Ergebnisse können demzufolge nicht besser sein, als die Qualität der zugrunde liegenden Theorien es zulässt.

Mutzeck und Melzer (2007) betonen in ihrem Modell zur Förderplanung, dass erstens mithilfe der Diagnostik nur Ist-Zustands-Beschreibungen vorgenommen werden können und dass eine Förderdiagnostik und Förderplanung zweitens nur sinnvoll ist, wenn sie unterrichtlichen, erzieherischen, therapeutischen und ethischen Sollwerten und Zielen nachgeordnet und von der Bedeutung her untergeordnet ist. „Förderplanung muss unbedingt in der Zusammenschau von Unterricht, Förderung bzw. Therapie und Diagnostik gesehen und durchgeführt werden unter Einbeziehung ideeller Faktoren (Werte, Ziele, Konzeptionen) und realer Bedingungen (Person-Umfeld-Faktoren)" (Mutzeck & Melzer 2007, 208).

4. Herausforderungen an Wissenschaft: weitere Konzeptualisierung der lebensweltlichen Handlungsfähigkeit

Die Bedeutung einer lebensweltlichen Orientierung wird selbstverständlich seit langem und immer wieder auch im Bereich der Förderdiagnostik herausgestrichen und als unabdingbar betrachtet. Bei der Konzeptualisierung dessen, was für ein bestimmtes Kind zu einem bestimmten Zeitpunkt unter Einbezug der Moment- und Lebenssituation nun tatsächlich Lebenswelt, Situation oder Umwelt ist, sind praxisrelevante Vorschläge und Ideen jedoch eher unbefriedigend und recht dünn gesät; ganz zu schweigen von den mangelnden methodischen Instrumenten zur Erfassung einer solchen individuellen Lebenswelt. Meist sammeln Diagnostiker vor allem im Rahmen der Anamnese, einem mehr oder weniger standardisierten Fragebogenschema folgend, eine Fülle von Informationen über das engere und weitere Umfeld, die Lebenswelt eines Kindes, ohne für die erhobenen Fakten einen sachlichen Zusammenhang zum Problemverhalten oder der Fragestellung angeben zu können. Die zwangsläufige Folge davon ist, dass diese Informationen auch nicht zum Verstehen des Kindes mit seiner individuellen Lern- und Entwicklungsproblematik genutzt werden können.

Zur Bestimmung der Lernsituation und damit zum Finden bedeutsamer lebensweltorientierter Informationen eines Kindes schlägt Breitenbach (2003, 2013) das Konzept des Lebensraums von Lewin (1969) vor. Der Lebensraum besteht aus der psychologischen Person und der psychologischen Umwelt. Die psychologische Umwelt eines Individuums enthält nur Gegebenheiten, die für das Individuum gegenwärtig von Bedeutung sind. Physikalische, soziale oder begriffliche Fakten zählen zum Lebensraum nur insofern, als sie sich für eine individuelle Person in ihrem momentanen Zustand als wirksam erweisen. Sie existieren nicht als objektive Fakten, sondern stellen sich so dar, wie sie vom Individuum verstanden und erlebt werden. Der Lebensraum ist nicht räumlich-zeitlich zu verstehen, sondern ist im Wesentlichen von psychologischer Natur. Er ist der Inbegriff des Möglichen. Nicht die unterschiedlichen Fakten als solche sind im Erleben eines Individuums bedeutsam, sondern vielmehr deren funktionelle Möglichkeiten. So existieren bestimmte erwachsene Personen im Lebensraum eines Kindes nicht an sich, sondern immer nur als jemand, der zum Beispiel in bestimmten Zusammenhängen beschützt, straft, fordert usw.

Den Lebensraum eines Kindes kann dementsprechend nur der erfassen, der sich in ein Kind hineinversetzt, die kindliche Perspektive einnimmt und versucht, die Lebens- und Momentsituation eines Kindes mit dessen Augen zu betrachten. Das Konzept des Lebensraumes macht deutlich, dass nur diejenigen Gegebenheiten zur psychologischen Person und zur psychologischen Umwelt zählen, die für die aktuelle zu analysierende Situation aus der Perspektive des Kindes bedeutsam sind. Nicht jedes Lern- und Verhaltensproblem in der Schule erfordert automatisch eine weitgehende Anamnese und umfangreiche Recherche über das schulische und häusliche Umfeld. Informationen und Fakten über eine Person und ihr Umfeld werden erst zu förderdiagnostischen Informationen, wenn der Diagnostiker die Bedeutung kennt, die diese Person ihnen aus ihrer aktuellen Situation und Perspektive heraus beimisst.

5. Herausforderungen an eine Inklusive Schule: fachliche Qualifizierung der Lehrkräfte

Zusätzlich zu einem obligatorischen Modul mit den Schwerpunkten Lernen, emotional-soziale Entwicklung und Sprache, dem sogenannten LES-Modul als Basisqualifikation für alle Lehrkräfte einer Inklusiven Schule, wäre eine Grundausbildung aller Lehrkräfte in sonderpädagogischer Diagnostik bzw. Förderdiagnostik eine gleichermaßen bedeutsame unabdingbare Voraussetzung für das Gelingen inklusiven Unterrichtens. Um einer zunehmenden Heterogenität der Schülerinnen und Schüler beim Unterrichten gerecht werden zu können, muss diese Heterogenität von den Lehrkräften ja erst einmal erkannt und verstanden werden. Die Lehrkräfte müssen erst wissen, wo und in welchem Ausmaß sich die Kinder unterscheiden und in welchen Bereichen sie sich vielleicht auch stark ähneln, um einen Unterricht zu gestalten, der sich an den individuellen Möglichkeiten und Bedürfnissen dieser Kinder orientiert. Entsprechend ist in den Standards der Kultusministerkonferenz (KMK 1994) zur Lehrerausbildung im Kompetenzbereich „Beurteilen" zu lesen, dass Lehrer die Lernvoraussetzungen und Lernprozesse von Schülern diagnostizieren, um diese gezielt in ihrem Lernen zu fördern und zu beraten und dass Lehrkräfte die Leistungen von Schülern auf der Grundlage transparenter Beurteilungsmaßstäbe erfassen. Diesen Anforderungen und Aufgaben stehen die in zahlreichen nationalen und internationalen Studien nachgewiesenen ungenügenden diagnostischen Kompetenzen deutscher Lehrkräfte gegenüber (siehe dazu Breitenbach 2013).

In einer sonderpädagogischen bzw. förderdiagnostischen Grundausbildung sollten alle Lehrkräfte sich Kenntnisse erwerben
- über unterschiedliche diagnostische Fragestellungen (Unterscheidung von Platzierungs- und Förderdiagnostik)
- über diagnostische Strategien,
- über den diagnostischen Prozess,
- über Bewertungs- und Beurteilungsfehler

- über ethische und rechtliche Bestimmungen im Zusammenhang mit Diagnostik
- über das bio-psycho-soziale Modell im ICF
- und natürlich auch über diagnostische Methoden und deren theoretische Grundlegung, die da wären: Anamnese oder das diagnostische Gespräch, Verhaltensbeobachtung, Screeningverfahren, psychometrische Verfahren, curriculumbasiertes Messen, Soziometrie und natürlich auch über den Einsatz informeller Verfahren.

6. Abschließende Bemerkungen

Die hier vorgetragenen Anmerkungen zu einzelnen Aspekten und Gedanken der Antrittsvorlesung von Herrn Kollegen von Knebel bestätigen uneingeschränkt sowohl Notwendigkeiten als auch Möglichkeiten zum fachlichen Austausch, zum interdisziplinären Diskurs, was in fruchtbare, forschungsträchtige Kooperationen und gemeinsame interessante Lehrprojekte einmünden könnte und sollte.

Literatur

Breitenbach, E. (2003): Förderdiagnostik. Theoretische Grundlagen und Konsequenzen für die Praxis. Würzburg: Edition Bentheim.

Breitenbach, E. (2013): Psychologie in der Heil- und Sonderpädagogik. Stuttgart: Kohlhammer.

Hofmann, C. (2003): Förderungsdiagnostik zwischen Konzeption und Rezeption. In: Ricken G., Fritz A. & Hofmann C. (Hrsg.): Diagnose: Sonderpädagogischer Förderbedarf, 106–115. Lengerich: Pabst Science Publishers.

Kretschmann, R. (2006): Diagnostik bei Lernbehinderungen. In: Petermann, F. & Petermann, U. (Hrsg.): Diagnostik sonderpädagogischen Förderbedarfs. Jahrbuch der pädagogisch-psychologischen Diagnostik, Tests und Trends, Band 5, 140–162. Göttingen: Hogrefe.

Kultusministerkonferenz der Länder in der Bundesrepublik Deutschland (1994): Empfehlungen zur sonderpädagogischen Förderung in den Schulen in der Bundesrepublik Deutschland. Beschluss der Kultusministerkonferenz vom 6.5.1994.

Lewin, K. (1969): Grundzüge der topologischen Psychologie. Stuttgart: Huber.

Moser, V. & Stechow, E.v. (Hrsg., 2005): Lernstands- und Entwicklungsdiagnosen. Diagnostik und Förderkonzeption in sonderpädagogischen Handlungsfeldern. Festschrift für Christiane Hofmann zum 60. Geburtstag. Bad Heilbrunn: Klinkhardt.

Mutzeck, W. & Melzer, C. (2007): Kooperative Förderplanung – Erstellen und Fortschreiben individueller Förderpläne (KEFF). In: Mutzeck W. (Hrsg.): Förderplanung. Grundlagen, Methoden, Alternativen, 199–239. Weinheim: Beltz.

Sander, A. (1998): Kind-Umfeld-Analyse: Diagnose bei Schülern und Schülerinnen mit besonderem Förderbedarf. In: Mutzeck, W. (Hrsg.): Förderdiagnostik bei Lern und Verhaltensstörungen. Konzepte und Methoden, 6–19. Weinheim: Beltz.

Schlee, J. (1985): Helfen verworrene Konzepte dem Denken und Handeln in der Sonderpädagogik? Eine Auseinandersetzung mit der Förderdiagnostik. Zeitschrift für Heilpädagogik 36, 860–891.

Kurz-Kommentar aus rehabilitationssoziologischer Sicht
(von *Ernst von Kardorff*)

Soziologie und Sprachbehindertenpädagogik: Anschlüsse und lose Kopplungen – ein Kurzkommentar anlässlich der Antrittsvorlesung von Prof. Dr. Ulrich von Knebel

Lieber Herr von Knebel,
zu den von Ihnen skizzierten Aspekten der Sprachbehindertenpädagogik und den didaktischen Anforderungen an inklusiven Unterricht kann ich als Soziologe nur wenig beitragen. Eher schon zu den in Ihrem Vortrag angesprochenen Fragen der Professionalisierung und Professionalität – einem klassischen Thema der Soziologie.

1. Von der Semiprofession zur reflexiven Professionalität

Ich will an dieser Stelle nicht der durch den Wandel und die Differenzierung von Berufsfeldern inzwischen etwas überholten Frage (vgl. Stichweh 2005; Mieg & Pfadenhauer 2003; Pfadenhauer 2005) nachgehen, ob es sich beim Beruf des Lehrers oder des Sprachheilpädagogen um eine „echte" Profession im Sinne der klassischen Professionstheorie (Parsons 1968; Daheim 1992) oder um eine Semi-Profession (Etzioni 1969; Freidson 2001) handelt, weil die Autonomie des beruflichen Handelns der Lehrerin[1] durch Lehrpläne, Schulbehörden und Verwaltungsvorschriften im Verhältnis zu den klassischen Professionen wie Anwälten, Ärztinnen, Architekten oder Psychotherapeutinnen trotz aller Modelle administrativ gewährter erweiterter Schulautonomie nach wie vor deutlich stärker begrenzt ist und ihr Handeln nicht durch berufsständische Organe wie Kammern nach selbst definierten und gesteuerten fachlichen Kriterien und ethischen Kodizes autonom kontrolliert wird. Interessanter im Kontext Ihres Vortrags scheint mir die vorwiegend

---

[1] Aus Gründen der besseren Lesbarkeit wird im Folgenden immer zwischen männlicher und weiblicher Endungsform gewechselt; das jeweils andere Geschlecht fühle sich immer mitgemeint.

am Feld der Pädagogik entwickelte soziologische Theorie der *reflexiven Professionalisierung* (z.B. Dewe & Otto 2010). Sie verweist auf die Eigenart reflexiver und interaktiver Vermittlungsleistungen, die zwischen der pädagogisch zu entwickelnden und im Einzelfall therapeutisch zu unterstützenden Selbstbestimmung der Schüler und Klientinnen auf der einen und den jeweils konsentierten gesellschaftlichen Erziehungsaufgaben oder von psychologischen Expertinnen definierten Behandlungsnotwendigkeiten von Klienten auf der anderen Seite erbracht werden müssen, um ein gelingendes Arbeitsbündnis und damit die Voraussetzung zu erfolgreicher pädagogischer oder therapeutischer Intervention allererst herzustellen. Professionalität geht mit den darin enthaltenen Fähigkeiten (zur Aushandlung von Konflikten, zur [Selbst-]Kritik, zur Metaperspektivität, etc.) über die Kompetenzen in den jeweiligen domänenspezifisch definierten fachlichen Standards hinaus und muss ein neues Verhältnis zur Umsetzung des wissenschaftlichen und in der Berufstradition aufgeschichteten Erfahrungswissens entwickeln: so geht es etwa im Kontext von Therapie und Beratung um eine stellvertretende, an der individuellen Biografie und der Generationenlagerung orientierte Deutung, in der Professionelle ihr generalisiertes Regelwissen hermeneutisch mit der Biografie und der Lebenswelt und Lebenspraxis der Klienten so verknüpfen müssen, so dass diese die Deutung in ihr Selbst- und Weltverständnis inkorporieren können. Um hierfür bei Klientinnen eine biografische Anschlussfähigkeit an Handlungsfähigkeit und -mächtigkeit (*Agency*; vgl. Bethmann u.a. 2012) generierende Optionen zu erschließen, ist eine Perspektive lebensweltlichen Fallverstehens des Beratungsanlasses – etwa eines kritischen Lebensereignisses – hilfreich, das es der Therapeutin oder dem Pädagogen erlaubt, aus der Entwicklung der bisherigen in der Lebenspraxis aufsummierten Entscheidungsprozesse, durch die die Handelnden ihrem bisherigen Lebensweg, ihren Schul- und Berufskarrieren eine entscheidende strukturierende Richtung im Kontext sozial begrenzter Handlungsoptionen gegeben haben, eine stellvertretende und das heißt eine von der subjektiven Selbstdeutung der Klientin abweichende alternative Lesart oder Deutung entgegenzustellen (Oevermann 1996). In der Perspektive einer derartigen „klinischen Soziologie" (Oevermann 2002; Hildenbrand

2009) ist entscheidend, dass diese Deutungen weder spekulativ, noch normativ oder aus einer „Mastertheorie" deduziert werden, sondern im Rückgang auf die empirisch belegbaren individuellen Biografien und deren generationenspezifische, soziale und milieutypische Lagerung verständlich gemacht werden, um damit den jeweiligen konjunktiven Erfahrungsraum (Mannheim 1964; 1980) und die dadurch eröffneten oder verschlossenen Handlungsräume am konkreten Material retrospektiv zu rekonstruieren, so dass von da aus neue und realistische Handlungsoptionen für Klientinnen (oder für Educanden) sichtbar werden. In der Pädagogik ginge es z. B. im Unterricht um eine normativ „vorauslaufende", von Erziehungszielen gesteuerte pädagogische Auslegung der Welt und schulischer sowie gesellschaftlicher Anforderungen, so dass Schülerinnen diese Deutungen in einen für sie einsehbaren Zusammenhang künftiger Lebenspraxis und allgemeinen Weltverständnisses einordnen können, um intrinsische Lernmotivation zu fördern und Neugier zu erzeugen.

In dieser hier nur angedeuteten Perspektive einer „klinischen Soziologie" ist ein lebensweltlicher Orientierungs- und Handlungsbezug gegeben, den Sie mit Ihren Ausführungen zur Lebensweltorientierung als eine Leitlinie auch für die Sprachbehindertenpädagogik angesprochen haben und den soziologische Perspektiven präzisieren können.

Der sozialwissenschaftliche Zugang zu Rolle und Funktion des Professionellen in pädagogischen Feldern, sei es als Lehrer, Therapeutin oder Berater im Kontext der jeweiligen institutionellen Settings (wie Schule, therapeutische Praxis, Beratungsstelle, usw.) und ihrer fachlich und von Berufsverbänden entwickelten Anforderungen an pädagogische Professionalität (Combe & Helsper 1996; Helsper & Tippelt 2011; für Professionalität in der Behindertenpädagogik: Ellger-Rüttgardt & Wachtel 2010), ermöglicht ein verbessertes Verständnis der allgemeinen Bedingungen und Rahmungen der eigenen beruflichen Praxis und verknüpft sie mit dem Kontext politischer und allgemeiner gesellschaftlicher Erwartungshorizonte. Wie Sie am Ende Ihres Vortrags mit Blick auf Qualitätsstandards zur Entwicklung von Professiona-

lität von Lehrerinnen und Therapeuten im Bereich der Sprachbehindertenpädagogik ausgeführt haben, bedarf es neben der allgemeinen Perspektive
auch einer domänenspezifischen Bestimmung von Kriterien für Professionalität. Welche Anschlussfähigkeiten und lose Kopplungen ergeben sich hier
mit der Soziologie?

2. Lose Kopplungen zwischen Sprachbehindertenpädagogik und Sozio-
logie

2.1 Gelingensbedingungen erfolgreicher Interaktion und Kommunikati-
on

Ein zentrales Bezugsproblem der Sprachbehindertenpädagogik ist die gestörte, die unvollständige und beeinträchtigte und nicht zuletzt die störende
und irritierende Kommunikation und die Strategien ihrer Behebung sowie,
allgemeiner, die Förderung sprachlicher Kompetenzen der Zielgruppen.
Diese Bemühungen zielen mit Hilfe unterschiedlicher medizinischer, pädagogischer und sprachtherapeutischer Methoden, technischer Hilfsmittel und
Interventionen sowie psychologischer und psychosozialer Beratung auf die
individuelle und institutionell passförmige Förderung, Wiederherstellung
und Anpassung der individuellen Kompetenzen für gelingende Kommunikation in Alltag, Schule und Beruf, um die zentral über sprachliche Kommunikation vermittelte Teilhabe an unterschiedlichsten Aktivitäten und Bereichen
zu gewährleisten. Damit ergibt sich ein erster inhaltlicher Anknüpfungspunkt an Ihre Ausführungen: Die Gelingensbedingungen erfolgreicher
Kommunikation sind – wenngleich unter einer anderen Perspektive – auch
Thema der Soziologie: Wesentlich verweisen Kommunikation und Interaktion auf die *symbolische Ordnung der Lebenswelten,* auf den „rhetori-
schen Charakter" der sozialen Ordnung (Wolff 1980), der die situativen
Regeln angemessener und d.h. auch akzeptierter Sprachverwendung für
unterschiedliche gesellschaftliche Orte, Anlässe und Zeiten definiert. Da

diese Regeln in der Wahrnehmungssensitivität der sozialen Akteure als *intuitives Wissen um Sozialstruktur* (Cicourel 1974) über Sozialisationsprozesse vermittelt als normative Erwartungen fest verankert sind, sind sie gegenüber Störungen besonders empfindlich. Dies ist auch ein Grund dafür, warum Kommunikationsstörungen, egal ob es sich um phonetische Abweichungen, Sprachproduktions-, Artikulations- oder Sprachverwendungsstörungen oder gar um Verkennungen situativer Interaktions- und Kommunikationsgrammatiken handelt, für Stigmatisierungs- und mehr noch soziale Ausschließungsprozesse besonders anfällig sind; dies hängt weniger mit Vorurteilen zusammen, als vielmehr mit Problemen der schwierigen „Heilung" gestörter Kommunikations- und Interaktionssituationen sowie mit der Störung der Pragmatik fortlaufender und zeitlich begrenzter Kommunikationen: so z.B. wenn ein Mensch mit einer schweren Spastik und nur schwer verständlicher Lautbildung die Aufmerksamkeit der Zuhörer herausfordert oder sich ein Kehlkopfoperierter unter sichtlich großer körperlicher Anstrengung mit seinen Anliegen zu Gehör bringen möchte; erfahrungsgemäß wird dann weniger das Thema oder Anliegen gehört als vielmehr die Situation der erlebten Peinlichkeit durch die Anwesenden so bearbeitet, dass die soziale und psychische Normalisierungsarbeit als Versuch, die Situation zu „heilen", die Oberhand gewinnt. Eine paradoxe Konsequenz daraus ist, dass durch diese Bemühungen um die Normalitätsfiktion des "als-ob-gar-nichts-geschehen-und-alles-normal-wäre" Auffälligkeiten um so stärker betont werden und nachhaltig im Gedächtnis bleiben. Die Option, die Situation anders zu rahmen, etwa als Anlass zu inklusiver Interaktion durch eine gleichsam selbstverständliche Nutzung technischer Hilfen oder eine frei von Empfindungen von Peinlichkeit oder Scham gestaltete Rahmung mit erweiterten Zeit- und Geduldspotentialen, setzt ja nicht nur individuelle und gruppenbezogene Lernprozesse, sondern auch ein Re-framing (Goffman 1977) der Situationsdefinition gesellschaftlicher Kommunikationssituationen insgesamt voraus. Dieses flüchtig skizzierte Szenario verweist auf die *performative Dimension* von Sprachhandlungen in situierten Kontexten und knüpft damit wiederum an den fünften Punkt Ihres Vortrages, die *Handlungs- und Lebensweltorientierung* an. Für Menschen mit Sprachbehinderungen ist es eine alltägliche Erfahrung in jeder Interaktionssituation, die sich außerhalb der eingelebten Rituale und Üblichkeiten im engen Familien- und Freundeskreis oder in einem eingespielten professionellen Betreuungs- oder Assistenzarrangement bewegt, zum Mittelpunkt einer mit der Gefahr der Peinlichkeit aufgeladenen Aufmerksamkeit zu werden, der den jeweils anderen Interaktionspartnerinnen darüber hinaus zusätzliche Normalisierungs- und Krisenbewältigungsarbeit abfordert und damit den eigentlichen Interaktionsanlass in den Hintergrund drängt. Kurz, Menschen mit einer Sprachbehinderung sind für nicht-vertraute und unerfahrene Interaktionspartner „troublemaker" und sie sind sich dessen bewusst – eine Herausforderung für rehabilitationspsychologische und -pädagogische Hilfestellungen und für den Austausch unter Peers. Für die Arbeit in der Schule bedeutet dies, ein systematisches Neulernen von Situationen zu fördern, das sich durch bloßes Zusammensein (sprach-)behinderter Schüler mit nicht-behinderten Schülern nicht von alleine herstellt. Während die Soziologie diese interaktiven Paradoxien auf der Ebene sozialen Zusammenhandelns beschreiben und analysieren kann, besteht die Aufgabe der Pädagogik darin, Settings- und Unterstützungsformen zu entwickeln, die dabei helfen, Strategien der Juxtaposition, also zur kreativen Umgehung derartiger struktureller Paradoxien, zu entwickeln.

2.2 Gestörte Kommunikation als Störung der sozialen Ordnung

Gestörte Kommunikation bedeutet, wie das Beispiel im letzten Abschnitt gezeigt hat, immer auch eine Störung der sozialen Ordnung in zumindest vier Hinsichten:

(a) eine Störung der Grundstrukturen der *sozialen Grammatik der Interaktionsordnung*, wenn die situationsangemessene Sinnproduktion verfehlt wird, etwa wenn eine Grußformel als Angebot zur inhaltlichen Nachfrage missverstanden wird. Harold Garfinkel (1967) hat dies in seinen berühmt gewordenen Krisenexperimenten gezeigt: wenn z.b. in einer alltäglichen flüchtigen und routineförmigen Begegnung auf die Frage „How are You" nicht die erwarte Standardantwort „Fine" erfolgt, sondern eine ausführliche Geschichte erzählt wird, die weder dem Anlass der flüchtigen Begegnung noch dem Charakter der Beziehung der Interaktionspartnerinnen entspricht; oder: wenn Formeln nicht als Interpunktionsregeln der Interaktion – als Gesprächseröffnung oder -beendigung – erkannt oder als „Schaltelemente" zwischen unterschiedlichen Themen oder Interaktionsformaten verstanden werden (vgl. Bergmann 2000).

(b) eine *Störung normalformtypischer Erwartungen an Situationsabläufe* in face-to-face Interaktionen, etwa wenn ein Kehlkopfoperierter oder ein Stotterer zu sprechen beginnt und dadurch Kommunikationsparadoxa entstehen: wendet man sich dem Sprecher aufmerksam und mit Blickkontakt zu, so wie es die Etikette erfordert, wirkt dies für den Betroffenen oft symptomverstärkend; wenn man dann aus Unsicherheit zur Seite blickt, erzeugt dies für alle Anwesenden eine Situation der Peinlichkeit und ist für den Betroffenen oft mit Gefühlen der Scham verbunden (zu Peinlichkeit und Scham, vgl. Scheff 1990; Neckel 1991). Dem Stotterer signalisiert dies seine soziale „Entdeckung" und lässt ihn in der Wahrnehmung der Anderen vom „Diskreditierbaren" zum „Diskreditierten" werden (Goffman 1975). Die individuelle Zurechnung der Störung transformiert seine virtuelle soziale Identität, also die generalisierte Erwartung an seine Person als „normales" Mitglied der Interaktionssituation aufgrund seiner aktualen Selbstdarstellung in einen Menschen mit einer „beschädigten" Identität, was oftmals mit Folgen für künftige Interaktionen verbunden ist; so kann es etwa zu stigmatisierenden Zuschreibungen und „Halo-Effekten" kommen – im Extremfall zur Entwicklung eines „Master-Status" (Everett Hughes), zu einer Vermeidung weiterer sozialer Kontakte mit dem Symptomträger oder, in Verbindung damit, zu einem sozialen Rückzug des Betroffenen selbst. Die Erfahrung der Stigmatisierung führt bei vielen Betroffenen zu einem verminderten Selbstwertgefühl oder, wie Goffman es ausdrückt, zu einer beschädigten Ich-Identität (Goffman 1975).

c) Das *Verfehlen* der normativen Erwartungen an korrekte Sprachdarstellung wird durch formelle, etwa durch Schulnoten, oder durch informelle Reaktionen sanktioniert, etwa durch soziale Grenzziehungen, mit der Folge sozial- und bildungshomogener Gruppen. Besonders Kinder und Jugendliche aus bildungsfernen Milieus und/oder mit Migrationshintergrund befinden sich hier in einer besonderen Risikokonstellation: das Verfehlen der korrekten Sprache kann mit mangelndem Respekt und mangelnder Anerkennung einhergehen und emotionale und soziale Ausgrenzung produzieren; darüber hinaus führt mangelnde Sprachkompetenz zu mangelnder Kompetenz auch in anderen Domänen und vergrößert damit den Abstand zu den standardisierten Leistungserwartungen mit der Folge tendenzieller Exklusionsrisiken aus weiterführenden Bildungsangeboten oder vom Ausbildungs- und Arbeitsmarkt.

d) Das *Durchbrechen dominanter Codes der Mehrheitsgesellschaft*: wenn etwa in jugendlichen Subkulturen oder in der Kulturproduktion etwa im Rap oder in hybriden Jugendsprachen kreative Momente sprachlich eigenständiger kultureller Aneignungsversuche der Welt oder durchaus lustvolle Widerständigkeit (Willis 1979; 1991; Lucke 2006) und Kritik an gesellschaftlichen Verhältnissen in subkulturellem Slang zum Ausdruck gebracht werden und diese Kompetenzen unberücksichtigt bleiben. Schließlich ist Sprache neben ihrer zentralen Kommunikationsfunktion im Kontext von Lebensweltbezug neben Kleidung und anderen Markenartikeln, Körperausdruck, Gesten und anderen Stilelementen ein Mittel zur Präsentation individueller Identität, verweist auf Herkunft und Status und demonstriert Gruppenzugehörigkeit und schafft damit multiple Exklusivitäten, was zu einem pädagogischen Problem in der Schule oder in der Jugendarbeit werden kann.

Vor diesem Hintergrund kommt der Analyse individueller Sprachkompetenz und den Strategien individuell passförmig zugeschnittener Förderung im Kontext lebensweltlicher Sprachperformanz eine herausgehobene Bedeutung zu, so wie Sie es in Ihrem Vortrag betont haben. An dieser Stelle begegnen sich Sprachwissenschaft, Sprachbehindertenpädagogik, Patholinguistik,

Pädagogik und Soziologie in einem gesellschaftlich codierten Raum, in dem Dominanzkultur und Minderheiten, ungleichzeitige Entwicklungen im Kontext säkularen Wandels und soziale Ungleichheiten einander begegnen.

3. Soziale Ungleichheit und Soziolekte – Herkunft, Milieu, soziale Lage als Determinanten gesellschaftlicher Teilhabe

Ich möchte aus den vielfältigen Bezügen noch einen weiteren hinzufügen: die Förderung der Sprachkompetenz im Kontext in der modernen Wissensgesellschaft (Stehr 1994); mangelnde Sprachkompetenz ist, wie jüngere Studienergebnisse des IQB erneut belegen, einer der Hauptgründe für insgesamt schlechte Schulleistungen, angefangen vom Verständnis mathematischer Aufgaben, naturwissenschaftlicher Problemstellungen, dem Verstehen und Zuordnen unterschiedlicher Textgattungen sowie historischer, wirtschaftlicher und politischer Zusammenhänge bis hin zum Begreifen technischer Betriebsanleitungen und von Vertragstexten.

Und nicht zuletzt: Schulische Selektions- und Platzierungsentscheidungen beruhen wesentlich auf Sprachkompetenzen und auf Formen sozial erwarteter sprachlicher Selbstdarstellung, an denen sich in Verbindung mit dem verkörperten Habitus (Bourdieu 1997) die soziale Einordnung der Sprecherin, etwa durch Lehrpersonen, Arbeitgeber und andere gesellschaftliche Akteure orientieren. Sprachkompetenzen sind damit sowohl Grund als auch Ausdruck einer institutionellen Reproduktion sozialer Ungleichheit im und durch das Schulsystem.

Zwar ist die soziologische und soziolinguistische Forschung inzwischen weit über die in den 70er Jahren einflussreiche und damals durchaus neue Unterscheidung zwischen elaboriertem (= Oberschicht) und restringiertem (Unterschicht-) Codes (Bernstein 1975; ders. 1981) hinausgelangt; das von Bernstein angesprochene Grundproblem selbst ist jedoch keineswegs obsolet, weil die Sprache eine wesentliche Form der Welterschließung darstellt und zugleich mit den mentalitätsgeschichtlichen Identifikationskernen der jeweiligen sozialen Milieus verknüpft ist, wie sie etwa im Anschluss an Bourdieu von Vester (2001) und regelmäßig in den Sinus Milieu-Studien (http://www.sinus-institut.de/) in ihrem Wandel beschrieben werden. Besonders für die Jugendsubkulturen konfrontiert milieutypische Sprach(in)-Kompetenz Praxis und Forschung mit Frage nach dem pädagogischen Umgang mit Hybridbildungen in der Sprache, etwa dem „Türkdeutsch" oder einer - im Kontext globalisierter Kommunikation - zunehmenden Verwendung von Anglizismen und von Kürzeln aus der Welt des Internet-, des Konsums- und der Popkultur. Milieuspezifischen und hybriden Soziolekten kommt bei der individuellen Identitätsbildung und der Repräsentation sozialer und kultureller Welten eine große Bedeutung zu und sprachliche Ausdruck(svermögen) spielen eine wichtige Rolle bei der Identitätsbeheimatung und der Positionierung im sozialen Gefüge. Insofern kann sich sprachliche Förderung nicht auf die technischen Aspekte der Sprachbeherrschung beschränken, sondern muss auf soziale Kontexte referieren.

4. Kooperation, Koordination und Netzwerke und die individuelle Passung von Hilfen

Lassen Sie mich zum Abschluss noch auf zwei weitere Punkte in Ihrem Vortrag zurückkommen, die sich wieder von der Spezifik der Sprachbehindertenpädagogik entfernen, aber gleichwohl das schulische wie außerschulische Arbeitsumfeld der sonderpädagogischen Profession betreffen: *auf die Institutionelle Passung* und auf Ihre Empfehlungen zur *Institutionalisierung strukturierter Netzwerke*. Institutionelle Passung, wird sie vom förderungsbedürftigen Individuum her gedacht, bedeutet, dass die Organisationen den Bedürfnissen der Klienten und nicht die Klienten den Strukturen und Abläufen in pädagogischen und therapeutischen Einrichtungen folgen sollten. Dieses Postulat ist freilich nicht neu, gleichwohl mit Blick in die Empirie eher wenig befolgt, setzt es doch ein Umdenken in den „bewährten" Routinen des Praxisalltags und seiner institutionellen Verfasstheiten voraus, das sich erst in den Anfängen befindet und bei dem organisationssoziologisches Wissen für die Sprachbehindertenpädagogik in schulischen oder klinischen Settings hilfreich sein kann.

Ihr Vorschlag zur Bildung *Institutionalisierter Netzwerke* zwischen Schule, Universität, Politik, Elternschaft und Schülern wird fruchtbar durch eine klare Zielbestimmung, was mit Vernetzung eigentlich erreicht werden soll: nämlich Spezifizierung durch Auswahl, gerade nicht durch Aufgabediffusion: Vernetzung hat als eine zentrale Gelingensbedingung zur Voraussetzung, dass arbeitsteilige Spezialisierung problem- und lösungsbezogen genutzt wird, mithin Synergieeffekte in der Kombination unterschiedlicher Perspektiven und Kompetenzen erzeugt werden können (von Kardorff 1998; 2010). Eine zweite Voraussetzung ist ein gemeinsam geteilter allgemeiner Bezugsrahmen – in der Rehabilitation etwa die ICF –, über den vermittelt unterschiedliche Problembeschreibungen diskutierbar und Ziele und Ressourcen verhandelbar werden. Die dritte Voraussetzung besteht in einem Mechanismus, der die Umsetzung gemeinsam erarbeiteter Empfehlungen institutionell verbindlich garantiert. Während der letztgenannte Aspekt Ergebnis politischer Aushandlungsprozesse ist, handelt es sich bei den ersten beiden Punkten um konzeptionelle Fragen, die am Verhältnis der Kooperation zwischen Lehrern und therapeutischen Spezialistinnen erläutert werden kann: bezogen auf Inklusive Schule bedeutet dies, dass Diagnostik, individuelle Bedarfsfeststellung und fachlichwissenschaftlich begründete Unterstützung förderungsbedürftiger Schüler gerade von hoch spezialisierten Fachkräften und nicht als generalisierte Kompetenz für alle Lehrerinnen sinnvoll erscheint; dies bedeutet aber nicht, dass der Sonderpädagoge mit Lehramtsausrichtung etwa zum Therapeuten wird, denn seine spezialpädagogische Expertise und Kompetenz bezieht sich auf die Förderung von kognitiven und sozio-emotionalen Lernprozessen in der Schule, also in einem *sozialen* Raum, in dem die individuelle Wissensaneignung an die Einbettung in kollektive sozial hergestellte und Wissensordnungen geknüpft wird, also an eine Lebenspraxis anschlussfähig gemacht werden soll, während der Therapeut mit einer betreffenden Schülerin ein nur mit seinem Spezialwissen und den entsprechenden technischen Kompetenzen bearbeitbares individuelles mit der jeweiligen Biografie, Persönlichkeit und Familie verknüpftes Problem bearbeitet.

Literatur

Bergmann, J. (2000): Konversationsanalyse. In: Flick, U., von Kardorff, E. &.Steinke, I. (Hrsg.): Qualitative Forschung – ein Handbuch, 51–62. Reinbek: Rowohlt.

Bernstein, B. (Hrsg., 1975): Sprachliche Kodes und soziale Kontrolle. Düsseldorf: Schwann.

Bernstein, B. (1981): Studien zur sprachlichen Sozialisation. Berlin: Ullstein.

Bethmann, S., Helfferich, C., Hoffmann, H. & Niermann, D. (Hrsg.) (2012): Agency. Die Analyse von Handlungsfähigkeit und Handlungsmacht in qualitativer Forschungs- und Gesellschaftstheorie. Weinheim/Basel: Beltz.

Bourdieu, P. (1997): Zur Genese der Begriffe Habitus und Feld. In: Bourdieu, P. (Hrsg.): Der Tote packt den Lebenden. Hamburg: VSA-Verlag.

Cicourel, A. (1974): Language and Meaning in Social Interaction. New York: Free Press.

Combe, A. & Helsper, W. (Hrsg., 1996): Pädagogische Professionalität – Untersuchungen zum Typus pädagogischen Handelns. Frankfurt a.M.: Suhrkamp.

Daheim, H.-J. (1992): Zum Stand der Professionssoziologie. Rekonstruktion machttheoretischer Modelle der Profession. In: Dewe B., Ferchhoff, W. & Radtke F. (Hrsg.): Erziehen als Profession. Zur Logik professionellen Handelns in pädagogischen Feldern, 21–35. Opladen: Leske und Budrich.

Dewe, B. & Otto, H.-U. (2010): Reflexive Sozialpädagogik. In: Thole, W. (Hrsg.): Grundriss Soziale Arbeit, 197–218. Wiesbaden: Verlag für Sozialwissenschaften.

Ellger-Rüttgardt, S. & Wachtel, G. (Hrsg., 2010): Professionalität und Behinderung. Stuttgart: Kohlhammer.

Etzoni, A.E. (1969): The Semi-Professions and Their Organization, Teachers, Nurses, SocialWorkers. London: Collier Macmillan Publishers.

Freidson, E. (2001): Professionalism – The Third Logic. Cambridge: Univ. Press.

Garfinkel, H. (1967): Studies in Ethnomethodology. Englewood-Cliffs: Prnetice Hall.

Goffman, E. (1975): Stigma. Techniken zur Bewältigung beschädigter Ich-Identität. Frankfurt a.M.: Suhrkamp.

Goffman, E. (1977): Rahmenanalyse. Frankfurt a.M.: Suhrkamp.

Helsper, W. & Tippelt, R. (2011): Pädagogische Professionalität. Zeitschrift f. Pädagogik 57.

Hildenbrand, B. (2009): Klinische Soziologie. Psychotherapie & Sozialwissenschaft 11, 2.

Kardorff, E.v. (1998): Koordination und Kooperation. Anmerkungen zur Schnittstellenproblematik in der psychosozialen Versorgung. In: Röhrle, B., Sommer, G. & Nestmann, F. (Hrsg.): Netzwerkintervention, 203–222. Tübingen: dgvt-Verlag.

Kardorff, E.v. (2010): Soziale Netzwerke in der Rehabilitation und im Gesundheitswesen. In: Stegbauer, C. & Häußling, R. (Hrsg.): Handbuch Netzwerkforschung, 715–724. Wiesbaden: VS Verlag für Sozialwissenschaften.

Lucke, D. (Hrsg., 2006): Jugend in Szenen. Münster: Westfälisches Dampfboot.

Mannheim, K. (1964): Wissenssoziologie. Auswahl aus dem Werk (hersg. von Kurt H. Wolff). Neuwied: Luchterhand.

Mannheim, K. (1980): Eine soziologische Theorie der Kultur und ihrer Erkennbarkeit (Konjunktives und kommunikatives Denken). In: Kettler, D., Meja, V. & Stehr, N. (Hrsg.): Karl Mannheim. Strukturen des Denkens, 155–322. Frankfurt a.M.: Suhrkamp.

Mieg, H.A. & Pfadenhauer, M. (Hrsg., 2003): Professionelle Leistung - Professional Performance: Positionen der Professionssoziologie. Konstanz: UVK.

Neckel, S. (1991): Status und Scham. Zur symbolischen Reproduktion von Ungleichheit. Frankfurt a.M.: Campus.

Oevermann, U. (1996): Theoretische Skizze einer revidierten Theorie professionellen Handelns. In: Combe, A. & Helsper, W. (Hrsg.): Pädagogische Professionalität – Untersuchungen zum Typus pädagogischen Handelns, 70–182. Frankfurt a.M.: Suhrkamp.

Oevermann, U. (2002): Klinische Soziologie auf der Basis der Methodologie der objektiven Hermeneutik – Manifest der objektiv hermeneutischen Sozialforschung. URL:http://www.ihsk.de/publikationen/ Ulrich_Oevermann-Mani-fest_der_objektiv_hermeneutischen_ Sozialforschung.pdf (Aufruf am 02.07.2013).

Parsons, T. (1968): Professions. International Encyclopedia of the Social Sciences 12, 536–547.

Pfadenhauer, M. (Hrsg., 2005): Professionelles Handeln. Wiesbaden: VS Verlag für Sozialwissenschaften.

Scheff, T.J. (1990): Microsociology: Discourse, emotion, and social structure. Chicago: The University of Chicago Press.

Stehr, N. (1994): Knowledge Societies. London: Sage.

Stichweh, R. (2005): Wissen und die Professionen in einer Organisationsgesellschaft. In: Klatetzki, T. & Tacke, V. (Hrsg.): Organisation und Profession, 31–44. Wiesbaden: VS Verlag für Sozialwissenschaften.

Vester, M. (2001): Soziale Milieus im gesellschaftlichen Strukturwandel. Frankfurt a.M.: Suhrkamp.

Willis, P. (1979): Spaß am Widerstand – Gegenkultur in der Arbeiterschule. Frankfurt a.M.: Syndikat.

Willis, P. (1991): Jugend-Stile. Zur Ästhetik der gemeinsamen Kultur. Berlin: Argument-Verlag.

Wolff, S. (1980): Der rhetorische Charakter der sozialen Ordnung: Selbstverständlichkeit als soziales Problem. Berlin: Ducker & Humblot.

Kurz-Kommentar aus studentischer Sicht
(von *Mechthild Richter/Fachschaftsinitiative Rehabilitationswissenschaften*)

Zunächst einmal möchte ich Herrn Prof. von Knebel danken. Zum einen natürlich für den interessanten, anregenden Vortrag, der viele wichtige Themen angesprochen hat, vor allem aber für die Möglichkeit hier neben sonst so hochkarätiger Besetzung als Vertreterin der Studierenden mitzuwirken. Das ist nicht selbstverständlich.

Es wurden so viele Themen im Vortrag angeschnitten, dass ich in meinem Beitrag eher allgemein bleiben und mich auf ein Thema beschränken werde, das ich als Grundlage für alle anderen sehe.

Es ging heute abend u.a. um Kooperation und Austausch zwischen den Fachdisziplinen, was sich auch in der speziellen Form dieser Antrittsvorlesung widerspiegelt. Egal, ob wir über die Inklusive Schule, die Lehrerinnen- und Lehrerbildung im Allgemeinen oder ganz speziell über die Lehre hier im Institut sprechen: Kooperation und Austausch sind die Grundlage, das Fundament, auf dem effektives Arbeiten stattfinden soll und auch muss.

Dass man stärker ist, wenn alle an einem Strang ziehen, haben wir schon im Kindergarten oder der Grundschule an dem eindrücklichen Beispiel des russischen Märchens „Die Rübe" gelernt. Der Großvater will eine dicke Rübe ernten, aber die Rübe ist so groß und dick, dass er sie alleine nicht aus dem Boden ziehen kann. Nach und nach holt er sich Hilfe: erst die Großmutter, dann das Mädchen, dann auch noch den Hund und die Katze. Doch erst als auch die kleine Maus mithilft, lässt sich die dicke Rübe aus dem Boden ziehen.

Die Mäuse müssen also mitziehen: bezogen auf unser Institut sind das wohl wir, die Studierenden. In der Schule, welche Schulform auch immer, die Schülerinnen und Schüler und auf der Ebene der Bildungspolitik, da gibt es wohl viele, die sich wie kleine Mäuse fühlen: die Universitäten, die Schulen, die Eltern.

Was heißt das in der Konsequenz? Egal, ob Großvater, Großmutter, Mädchen, Hund oder Katze: Vergesst die Mäuse nicht, sie sind die größte Gruppe und können bei Unterschätzung viel Schaden anrichten. Wir müssen Schülerinnen und Schüler fragen, was ihnen an ihren Schulen gefällt und was nicht, wie sie sich eine gute Schule vorstellen und zuhören, wenn sie eigene Ideen äußern. Ebenso haben Studierende Ideen für die Weiterentwicklung des Instituts, der Schulen, der Lehrerinnen- und Lehrerbildung und auch der Bildungspolitik. Eltern haben Meinungen, die man nicht als unqualifiziert abtun darf und wissenschaftliche Mitarbeiterinnen und Mitarbeiter wissen zum Thema vielleicht manchmal mehr als eine Bildungspolitikerin oder ein Bildungspolitiker.

Doch ich möchte hier nicht nur für die Beteiligung der Mäuse appellieren. Der Großvater und die Maus alleine hätten es schließlich auch nicht geschafft. Nein, auch Großvater und Großmutter müssen miteinander reden, auch Hund und Katze müssen trotz möglicher Feindschaft zusammenhalten, um ein gemeinsames Ziel zu erreichen.

Die Bildungslandschaft in Deutschland verändert sich, doch verändern wir uns mit? Inklusion ist das große Stichwort, ein Begriff, der sehr unterschiedliche Reaktionen hervorruft. Ein Begriff, der Verunsicherung mit sich bringt und zwar auf allen Ebenen, in allen Gruppen der Gesellschaft. Das ist ja eine schöne Vorstellung, aber wie soll das gehen? Geht meine Abteilung dann nicht unter? Bin ich als Sonderpädagoge oder -pädagogin dann überflüssig? Schafft mein Kind das? Wie soll ich die alle unterrichten, wenn ich das nie gelernt habe? Wer ist diese UN und warum darf sie bestimmen, dass mein Kind mit Behinderten zusammen in einer Klasse lernen muss?

Doch ob wir wollen oder nicht: Deutschland hat die UN-Behindertenrechtskonvention, in der ein inklusives Schulsystem festgelegt ist, unterschrieben und ratifiziert. Wir können uns jetzt beschweren und schimpfen über die da oben, die doch keine Ahnung haben und realitätsfern über uns entscheiden dürfen. Es hilft nichts, da haben wir den Salat, oder eher die Rübe, die Rübe Inklusion, die es gemeinsam zu ziehen gilt. Auch Inklusionsgegnerinnen und -gegner, oder vorsichtiger ausgedrückt die Zweiflerinnen und Zweifler sollten ihre Energie besser dafür verwenden mit den Großeltern, dem Hund, der Maus und allen anderen an Lösungsstrategien zu arbeiten. Inklusion ist etwas Großes, ein Riesenprojekt, vielleicht ein unüberwindbares Monstrum, gerade deshalb wird jede und jeder Einzelne gebraucht, jede und jeder mit seinem oder ihrem allgemeinen oder speziellen Wissen, mit seiner oder ihrer Profession, sei es die Sprachbehindertenpädagogik, die Erziehungswissenschaft oder die Mathematik.

Wir sollten keine Angst haben, unsere Einzigartigkeit oder gar unsere Existenzsicherung zu verlieren im großen Inklusionsbrei, ob als Mitarbeiter oder Mitarbeiterin einer Fachrichtung an unserem Institut, ob als Fachlehrer oder Fachlehrerin in der Oberstufe, ob als Student oder Studentin der Rehabilitationswissenschaften oder Sonderpädagogik. Der Hund ist nicht weniger ein Hund, nur weil er mit der Katze zusammenarbeitet. Ein Sonderpädagoge wird nicht weniger ein Sonderpädagoge, wenn er im gemeinsamen Unterricht arbeitet, das normal begabte Kind bleibt normal begabt, auch wenn es mit einem Kind mit Beeinträchtigungen in einer Klasse lernt und die Professorin ist eine Professorin, auch wenn sie gemeinsam mit Studierenden forscht.

Im Leben sind wir alle mal Großvater, mal Enkelin, mal Maus, je nach Gefühl und Kontext, in dem wir uns gerade befinden. Ob ich als Maus hier stehe oder doch schon als Katze, weiß ich nicht, ich weiß auch nicht, wer von Ihnen oder euch Großmutter oder Hund oder Maus ist. Darüber sollten wir uns auch nicht allzu viele Gedanken machen, denn noch haben wir ein größeres wichtigeres Problem: die Rübe ist immer noch im Boden und der kalte, dunkle Winter kommt bestimmt. Wir freuen uns, dass uns ein neues Mitglied am Institut signalisiert, dass es Interesse an der gemeinsamen

Rübenernte hat. Deshalb noch nachträglich: herzlich willkommen am Institut für Rehawissenschaften, Herr Prof. von Knebel!